DIE GUMMIBÄRCHEN-METHODE

Nicole Wirtz

Die Gummibärchen-Methode

99 GENIALE TIPPS FÜR EINEN FRÖHLICHEN FAMILIENALLTAG

Mit Illustrationen von Jana Moskito

SCHWARZKOPF & SCHWARZKOPF

*»Fortuna lächelt, doch sie mag
nur ungern voll beglücken.
Schenkt sie uns einen Sommertag,
so schenkt sie uns auch Mücken.«*

WILHELM BUSCH

INHALT

1. Kapitel: BABY

2. Kapitel: SICHERHEIT

3. Kapitel: ESSEN

---

* Die TOP-TIPPS in jedem Kapitel sind im Inhaltsverzeichnis hervorgehoben.

4. Kapitel: ANZIEHEN

5. Kapitel: AUFRÄUMEN & ORDNUNG

9. Kapitel: WUTANFÄLLE

10. Kapitel: SURVIVAL-TIPPS

11. Kapitel: ENTSPANNT REISEN

12. Kapitel: 10 LANGEWEILEKILLER FÜR UNTERWEGS

Vorwort

WILLKOMMEN IM CLUB!

Kinder zu haben und sie heranwachsen zu sehen ist das Schönste auf der Welt. Und Eltern zu sein eine wunderbare Aufgabe, aber auch ein anstrengender 24-Stunden-Job. Wir fliegen inzwischen zwar zum Mond, aber kleine Menschen kommen nach wie vor weder mit einem annehmbaren Tag-und-Nacht-Rhythmus noch mit restauranttauglichen Tischmanieren oder einem Ordnungsfimmel zur Welt. Aller Voraussicht nach werden auch in Zukunft frühkindliche Wutanfälle fester Bestandteil des Familienlebens bleiben. So stellt der Alltag mit Kindern Eltern vor viele Herausforderungen. Um die zahlreichen Klippen entspannt zu umschiffen, ist jeden Tag aufs Neue Kreativität gefragt – kein Wunder, dass da manchmal die Ideen ausgehen.

Der scherzhafte Spruch, dass sich 95 Prozent der Probleme im Kleinkindalter mit Gummibärchen lösen lassen, verdeutlicht die Größenordnung der Probleme, die in dieser Zeit auftauchen – und offenbart zugleich den Schlüssel zu deren Lösung. Es handelt sich durchweg um verhältnismäßig kleine Schwierigkeiten, die allerdings in Summe und mit penetranter Regelmäßigkeit auftretend für erheblichen Stress sorgen können.

Gummibärchen sind als Allheilmittel so beliebt, weil sie für Kinder viel mehr sind als Zucker mit bunter Speisefarbe. Sie sind eine kleine Sensation: das Rascheln der Tüte, der Moment der Vorfreude, bis man die ersehnte Süßigkeit endlich in der Hand hält, und schließlich der süße Geschmack im Mund und das Glücksgefühl, das zurückbleibt.

Attraktive Verpackungen und interessante Köder sind auch die Erfolgsgeheimnisse der Tipps in diesem Erziehungsratgeber, der unter Verzicht auf lange theoretische Erklärungen kurz und knackig mit genial einfachen Praxislösungen aufwartet. Lassen Sie sich überraschen, wie Sie mit den cleveren Tricks der »Gummibärchen-Methode« kleine Wunder bewirken und sich so den Familienalltag versüßen.

Eine geschickte Prophylaxe lässt kritische Situationen und Stress-Momente im Idealfall gar nicht erst entstehen. Einfache vorbeugende Maßnahmen wie Schrank- und Schubladensicherungen (Tipp Nr. 34: »Fort Knox«) verhindern beispielsweise ohne elterliche Einmischung den unerwünschten Zugriff neugieriger kleiner Krabbelfinger auf den zerbrechlichen oder gefährlichen Schrankinhalt.

Ist Prävention nicht möglich, kann durch eine kreative Aufmachung aus lästigen Pflichten zum Beispiel ein spannender Wettbewerb werden. Geht es beim Aufräumen darum, den Wettkampf gegen die Uhr zu gewinnen, bekommt die Aufgabe eine ganz andere Qualität (Tipp Nr. 39: »Eieruhr statt Eiertanz«). Durch das kleine Spielchen steht nicht länger die für das Kind uninteressante Wiederherstellung des Ordnungszustandes im Vordergrund. Aus der unliebsamen Anweisung der Eltern ist eine Aufforderung zum Spiel geworden.

Besondere Faszination übt ein bisschen Magie im Kinderzimmer aus. Wenn dort plötzlich wundersame Dinge geschehen, sind Ihnen die volle Aufmerksamkeit und große Kooperationsbereitschaft gewiss. Sprechende Kuscheltiere, die unbeholfene Anziehversuche unternehmen, werden Ihre Kinder nicht zweimal um Hilfe bitten müssen (Tipp Nr. 32: »Der kuschelige Dompteur«). Und unsichtbare Fantasiefiguren leisten wertvolle Dienste als Erziehungshelfer, indem sie zum Beispiel in Konflikten zwischen Eltern und Kindern den »Schwarzen Peter« übernehmen (Tipp Nr. 69: »Das Teufelchen auf der Schulter«).

Natürlich kann man Kinder nicht den ganzen Tag mit der Kasperlepuppe in der Hand ins Erziehungstheater einladen. Neben allem Spaß im familiären Umgang müssen Kinder so früh wie möglich lernen, sich an grundlegende Verhaltensregeln für ein geordnetes Miteinander zu halten. Kreative Ideen für einen fröhlichen Familienalltag und Konsequenz in der Einhaltung von Regeln stehen nicht im Widerspruch zueinander. Je klarer der Regelrahmen gesteckt ist und je entschiedener dessen Einhaltung eingefordert wird, desto schneller können Kinder ihn verinnerlichen. Um regelmäßige Grenzgänge und -überschreitungen nicht persönlich zu nehmen, sondern konsequent zu ahnden, brauchen Eltern einen langen Atem. Da kommt der ein oder andere Survival-Tipp aus Kapitel 10 gerade recht!

Probieren Sie aus, welche Tipps den meisten Spaß ins Kinderzimmer und die größte Entspannung ins Familienleben bringen. Hören Sie dabei auf Ihren Bauch und lassen Sie sich auf dem Weg zu Ihrem ganz persönlichen Erziehungsstil nicht beirren. Und denken Sie bei all dem Trubel und der Anstrengung immer wieder daran, dass die ersten Jahre die allerschönsten sind und viel zu schnell vergehen. Genießen Sie die Zeit als absolute Helden Ihrer Kinder in vollen Zügen. Noch ist Mama die Größte und die Schönste, Papa der Tollste und der Stärkste.

Ich bin gespannt, mit welchen Tipps Sie die größten Erfolge feiern werden, und wünsche Ihnen viel Spaß beim fröhlichen Eltern!

Ihre Nicole Wirtz

BABY

DIE TIPPS:

Jeder prophezeit es, doch man selbst glaubt es erst, wenn es so weit ist: Mit einem Baby wird alles anders, kein Stein bleibt auf dem anderen, das Chaos bricht aus!

Als werdende Eltern mit mindestens durchschnittlichem Organisationstalent hält man das für völlig abwegig. Es kann doch nicht so schwierig sein, ein kleines Windelpaket zu versorgen und dabei einen funktionierenden Haushalt aufrechtzuerhalten. Aber Vorsicht, meine Damen und meine Herren, Hochmut kommt vor dem Fall!

Also stellen Sie sich besser auf den Ausnahmezustand ein, statt sich selbst unter Druck zu setzen. Der Witz an der Sache ist, dass es wirklich niemanden auf der ganzen Welt interessiert, ob ein Korb ungebügelter Wäsche in der Ecke steht, die Wohnung noch nicht gesaugt ist oder es zum Abendessen eine Pizza gibt. Haben Sie erst einmal ein gewisses Maß an Fremdbestimmung akzeptiert und die Vorteile kleingemusterter Kleidungsstücke und pflegeleichter Frisuren zu schätzen gelernt, sind Sie auf dem richtigen Weg.

Genießen Sie Ihr Elternglück und teilen Sie so oft wie möglich die Leidenschaften Ihres Babys: Essen, Schlafen und Kuscheln sind ein tagesfüllendes Programm. Ein Stündchen gemeinsamer Mittagsschlaf ist in Anbetracht der Nachtschichten, die Sie leisten, kein Luxus, sondern eine lebenserhaltende Maßnahme. Lassen Sie sich nicht dazu hinreißen,

*diese Zeit mit Putz-, Aufräum- oder Bügelorgien zu
verschwenden! Kosten Sie ausgiebige Schmusestunden
aus, solange Ihr Kind noch nicht flüchten kann und die
samtweiche Babyhaut diesen unnachahmlichen Duft
verströmt …*

Tipp Nr. 1: Das Eltern-Mantra

Werdende Eltern tragen die Verantwortung für
ein kleines menschliches Wesen, für dessen Wohl-
ergehen sie ausschließlich richtige Entscheidungen
treffen möchten. Angesichts der Fülle der möglichen
Optionen und in Ermangelung an Erfahrung macht
sich bei Erstlingseltern bestenfalls Ratlosigkeit und
im schlimmsten Falle Unsicherheit breit.

Bereits vor der Geburt stehen verschiedene
Szenarien zur Auswahl: Soll das Kind in der Klinik,
im Geburtshaus oder zu Hause zur Welt kommen?
Ist eine natürliche Geburt das Richtige oder ein ge-
planter Kaiserschnitt die bessere Alternative? Welche
Schmerzmittel erleichtern die Geburt (bitte nicht
vergessen: es gibt keine Tapferkeitsmedaille für
medikamentenfrei gebärende Mütter!)? Ist das Baby
erst einmal auf der Welt, geht es munter weiter: Soll
es gestillt werden oder die Flasche bekommen? Lässt
man es schreien, wenn es weint, oder nimmt man es
auf? Wann und in welchem Umfang soll es geimpft
werden?

Die klare Devise lautet: Sammeln Sie zunächst Informationen von einem Fachmann (zum Beispiel einem Arzt oder einer Hebamme), dem Sie vertrauen, und von entspannten Mehrfacheltern, die Sie schätzen. Verlassen Sie sich bei der Entscheidung dann auf Ihr Bauchgefühl und Ihren gesunden Menschenverstand. Beide werden Ihnen bei der Aufzucht der lieben Kleinen immer wieder zuverlässig den richtigen Weg weisen. Wählen Sie die Lösung, mit der Sie sich am wohlsten fühlen, und lassen Sie sich vor allen Dingen nicht verrückt machen! *Wenn Sie dazu neigen, sich verunsichern zu lassen, hängen Sie sich einen Zettel mit folgendem Mantra unübersehbar an den Badezimmerspiegel oder den Kühlschrank: »Ich allein weiß, was das Beste für mich und mein Kind ist!«*

Tipp Nr. 2: Die Schlafprogrammierung

Am Abend eines langen Tages ruft das Bett und zwar möglichst immer zur selben Zeit und mit dem immer gleichen Programm. *Je strikter Sie sich an den Ablauf halten und je häufiger Sie das Programm pünktlich wiederholen, umso schneller stellt sich die innere Uhr Ihres Babys auf das Schlafprogramm ein.* Etwa eine Stunde vor dem Schlafengehen wird langsam heruntergefahren, nicht mehr getobt (nein, Papa soll das Baby nicht noch mal aufdrehen und begeistert in die Luft werfen!) und alles stellt sich auf die Nacht ein. Die Schönheitspflege im Bad verschafft neben einer frischen Windel und einem gemütlichen Schlafsack auch reichlich Gelegenheit zum ausgiebigen Schmusen (Hmmmm!). Dann werden die Vorhänge im Kinderzimmer zugezogen, das Licht geht aus und nach einer finalen Kuschelrunde kommt Baby in die Heia. Kündigen Sie alle Handgriffe mit ruhigen Worten an, damit klar ist, was jeweils als Nächstes kommt: »Sooo, mein Schatz, jetzt ist Schlafenszeit. Ich mache dich nun bettfertig und ziehe dir den Schlafsack an …«

Ziehen Sie zum Abschluss eine Spieluhr auf oder singen Sie ein Schlaflied (Natürlich können Sie singen! Niemand auf der ganzen Welt wird Ihrem Gesang jemals wieder so hingerissen lauschen wie Ihr Baby!) und lassen Sie Ihr Kind dann in Ruhe und möglichst allein einschlafen. Angenehme Nachtruhe!

Tipp Nr. 3: Das Beiboot

Schlafgewohnheiten folgen bereits vor der Elternzeit sehr individuellen Mustern: Wer schläft auf welcher Seite? 8-Stunden-Romanze unter einer Decke oder jedem das eigene Oberbett? Matratze durchgehend oder mit »Ritze«? Auf jeden Fall stockfinster oder nur mit Nachtlicht? Frühaufsteher oder Langschläferin? Mit einem Baby werden die Karten dann noch einmal neu gemischt: Vielleicht möchte die Mutter nachts zum Stillen nicht aufstehen, während der Vater befürchtet, seine Prinzessin im Schlaf versehentlich zu erdrücken, wenn sie im Elternbett schläft.

Eine schlaue Kompromisslösung für die ganze Familie ist ein Baby-Beistellbett, das nur an drei Seiten mit Gittern bestückt ist und mit der offenen Längsseite direkt an der Bettkante des Elternbettes eingehakt wird. So hat jeder seinen Schlafplatz für sich, zum Stillen oder für die Fläschchenfütterung muss niemand aufstehen und trotzdem sind alle nah beieinander.

Es ist entgegen landläufigen Befürchtungen übrigens kein Problem, den Gastschläfer zu einem späteren Zeitpunkt wieder aus dem Elternschlafzimmer auszuquartieren. Nicht, dass so ein Umzug immer völlig freiwillig und ohne Reibungsverluste vonstattengehen würde. Vielleicht werden Sie in den ersten Nächten ein paar Mal mehr aufstehen müssen, um Ihr Kind zu beruhigen (hartes Brot, keine Frage), aber bitte, bitte, bitte lassen Sie sich um des Fernziels willen (jaaaa, in Ruhe schlafen!) keinesfalls weichklopfen. Ihr Windelzwerg spürt sofort, wenn es Ihnen ernst ist, und wird mit Ihrer Entscheidung wunderbar zurechtkommen. Sollten Sie jedoch auch nur einen klitzekleinen Augenblick wankelmütig werden, wittert Ihr Nachwuchs das mit seismografischer Sicherheit und schon sitzen Sie in der Falle. Also bitte keine halbherzigen Versuche, die von vornherein zum Scheitern verurteilt sind!

Tipp Nr. 4: Nachts auf leisen Sohlen

Babys ist in der ersten Zeit nach der Geburt der Tag-und-Nacht-Rhythmus noch kein Begriff. Sie schlafen unabhängig von der Tageszeit einfach ein, wenn sie müde sind, und verlangen nach Futter, wenn sich der kleine Hunger meldet. Folgt die Wunscherfüllung auf dem Fuße, sind das natürlich paradiesische Zustände – vor allem, wenn der Zimmerservice auch zu nachtschlafender Stunde prompt die warme Mahlzeit ans Bett bringt.

In der Euphorie der ersten Wochen stecken Mama und Papa Nachtschichten noch locker weg, im Laufe der Zeit ist es aber wünschenswert, dem Nachwuchs den Unterschied zwischen Tag und Nacht zu vermitteln. Je facettenreicher sich dieser darstellt, umso rascher bemerken die Frischlinge, dass das Tagesprogramm eine andere Qualität hat als die Nachtvorstellung. Tagsüber ist es hell, man spricht, spielt und lacht miteinander und bei allen Tätigkeiten rund ums Füttern und Wickeln ist Zeit zum ausgiebigen Schmusen. Nachts ist es dunkel und alle Aktivität beschränkt sich auf das Nötigste. *Verlangt Ihr Sprössling nach der Nachtmahlzeit, machen Sie aus der nächtlichen Fütterung am besten kein aufregendes*

Happening mit Festtagsbeleuchtung. Versuchen Sie, mit wenig Licht auszukommen, verhalten Sie sich ruhig und sprechen Sie möglichst wenig bis gar nicht, um die kleine Nachteule nicht zu wach zu machen.

Wenn Sie alle nötigen Utensilien bereitlegen, bevor Sie selbst sich zur Ruhe betten, ist nachts alles gleich zur Hand. Heißes Wasser für Flaschenkinder hat nach ein paar Stunden in einer Thermosflasche genau die richtige Temperatur, um mit der bereitgestellten Menge Milchpulver verschüttelt zu werden. Danach gibt es im Bedarfsfall noch schnell eine frische Windel und husch-husch zurück ins Körbchen, damit möglichst viel des kostbaren Nachtschlafes erhalten bleibt.

Tipp Nr. 5: Das Pucken

Wurden sie doch neun himmlische Monate in Mamas Bauch durch die Gegend geschaukelt, vermissen einige Babys in den ersten Wochen nach der Geburt die schützende Enge des Mutterleibes und schreien wie am Spieß, weil ihnen die ungewohnte Bewegungsfreiheit Angst macht. Sie kommen nicht in den Schlaf oder wecken sich selbst immer wieder durch Strampeln oder durch Rudern mit den Armen. Mitunter kommt man nicht gleich dahinter, dass dies der Grund für unerklärliches verzweifeltes Weinen oder Einschlafstörungen ist.

Wenn die klassischen Problemkreise »Hunger«, »gefüllte Windel« und »Bauchweh« durch Fütterung, Wickeln und Tee oder Wärme ausgeschlossen wurden, versuchen Sie es einmal mit dem »Pucken«. Bei dieser uralten Wickeltechnik wird das Baby mit angelegten Armen eng in ein Tuch gewickelt, um die Bewegungsfreiheit von Armen und Beinen einzuschränken. Dadurch scheinen sich die Kleinen nicht etwa eingeengt zu fühlen, sondern an die Wärme und Geborgenheit des Mutterleibes erinnert zu werden. Auf jeden Fall wirkt es wunderbar beruhigend.

Zum Pucken eignen sich einfache Decken und Tücher (detaillierte Anleitungen finden Sie im Internet), es gibt inzwischen aber auch verschiedene praktische Pucksäcke mit Klettverschluss, die die Anwendung der Wickeltechnik vereinfachen. Achten Sie beim Kauf eines Pucksackes unbedingt darauf, dass das Modell bis über die Schultern reicht; mitunter werden auch Strampelsäcke, die unter den Achseln enden und die Arme nicht einschließen, fälschlicherweise als Pucksäcke bezeichnet.

DER TOP-TIPP
Tipp Nr. 6: Die Geheimwaffe

Das Sonnenscheinchen weint, die Eltern springen herbei. Zunächst werden die klassischen Ursachen abgeprüft: Hat das Kind eine saubere Windel?

Check. War die letzte Raubtierfütterung im Zeitplan und löste ausreichend Zuspruch aus? Check. Sitzt vielleicht das Bäuerchen quer? Nein? Check.

Aus dem Weinen wird verzweifeltes Wehklagen, Ratlosigkeit macht sich auf den Gesichtern der Eltern breit. Sie versuchen es mit Herumtragen: aufrecht eng am Körper, schaukelnd mit Gesumm, bäuchlings im Fliegergriff. Alles ohne Erfolg. Selbst das Pucken ist vergeblich. Das Geschrei erreicht seinen Höhepunkt, die Nerven liegen blank – höchste Zeit für die ultimative Geheimwaffe: den Föhn!

Das ruhestiftende Prozedere ist schnell erklärt: Stecker rein, Föhn an, aus sicherer Entfernung das Baby anpusten und … aufatmend die Ruhe genießen. Besonders rasch greift die Methode »unten ohne«, wenn die warme Luft den windelfreien Popo umstreicht. Aber Achtung, bitte mindestens 30 Zentimeter Sicherheitsabstand zwischen Föhn und Baby einhalten, damit keine Verbrennungsgefahr besteht. Außerdem kann die Warmluftpackung die Blase anregen – bitte zur Sicherheit eine Wickelauflage oder ein Handtuch unterlegen und den Föhn (gerade bei kleinen Jungs) unbedingt aus der Schusslinie halten!

Die beruhigende Monotonie des Geräusches in Kombination mit der wohligen Wärme lässt jeden Schreihals im Nu verstummen – und macht aus einem schnöden Haushaltsgerät einen echten Heilsbringer. Garantiert!

Das ruhestiftende Prozedere ist schnell erklärt:
Stecker rein, Föhn an, aus sicherer Entfernung das Baby
anpusten und … aufatmend die Ruhe genießen.

Tipp Nr. 7: Der Fußsack als Schlafsack

Das Plumeau bauscht sich gewaltig über den Kinderwagenrand, das Baby versinkt in den Federn …

Wenn es draußen kalt ist, muss die Verpackung natürlich für wohlige Wärme sorgen. Doch unter einem Federbett wird es in Innenräumen schnell zu heiß und Säuglinge laufen Gefahr, »well done« wieder zum Vorschein zu kommen.

Das muss nicht sein! *Für Winterbabys bietet sich die vorzeitige Anschaffung eines Winterfußsackes für den Buggy schon im ersten Jahr an.* Der Fußsack passt wunderbar in den Kinderwagen oder die Babyschale und ist viel handlicher als ein Oberbett. Dank des umlaufenden Reißverschlusses kann die Zudecke schnell und ohne herunterzufallen geöffnet und zurückgeschlagen werden, sobald man ins Warme kommt. Atmungsaktives Lammfell gleicht zudem Temperaturschwankungen aus, sodass das Baby rundum warm bleibt, ohne zu schwitzen.

Übrigens: Wenn Sie sich nicht sicher sind, ob Ihrem kleinen Wonneproppen gerade zu warm ist, legen Sie einfach ihre Finger hinten in den Babynacken. Fühlt sich die Haut dort warm und trocken an, ist alles in Ordnung. Ist die Haut allerdings leicht feucht, ist das Kleine zu warm eingepackt.

Tipp Nr. 8: Die Zirkus-Nummer

Junge Mütter aufgepasst! Der Chinesische National-
zirkus ist wieder auf der Suche nach Nachwuchs.
Seine Talent-Scouts halten sich bevorzugt an den
Ausgängen einschlägiger Drogeriemarktketten auf
und greifen Mütter nach einem Großeinkauf ab.

Den Monats-Windelvorrat rechts unterm Arm
(Son-der-an-ge-bot!), drei Paletten Babygläschen
(Nimm-3-zahl-2) links, Feuchttücher-Doppelpacks
(wenn ich schon mal dabei bin) auf dem Kopf und
die Ersatzschnuller (kann man nie genug haben) mit
einem fröhlichen Liedchen auf den Lippen auf der
Nase balanciert … das ist ausbaufähig!

Für alle, die nicht unbezahlt vor Publikum auftreten möchten, gibt es eine elegante Alternative. *Bei
der Bestellung über das Internet werden alle Einkäufe
bequem nach Hause geliefert.* Einige Anbieter stellen
innerhalb festgelegter Zeitfenster am Wunschtag zu,
teilweise sogar kostenlos. In größeren Städten bieten
auch Supermärkte diesen Service an, sodass neben
Drogerieartikeln auch sämtliche Lebensmittel und
Getränke bestellbar sind. Bioläden bringen vieler-
orts »Grüne Kisten« mit einem Wochenvorrat an
Obst und Gemüse an die Haustür – samt passenden
Rezepten. So braucht man sich nicht einmal mehr
Gedanken über den Speiseplan zu machen. Es lebe
das Internet!

SICHERHEIT

Jede Zeit mit Kindern hat ihr Gutes: Während die Versorgungsintervalle Neugeborener sehr eng getaktet sind, ist in dieser Phase unter Sicherheitsaspekten noch alles eitel Sonnenschein. Ein immobiles Windelpaket rührt sich ohne fremde Hilfe nicht von der Stelle und findet sich stets genau dort wieder, wo es abgelegt wurde. Erfreuen Sie sich an dieser wunderbaren Eigenschaft, die Sie vermutlich erst zu schätzen wissen werden, wenn das Blatt sich längst gewendet hat.

Kommt Bewegung in die Sache, wird es lustig. Erste unerwartete Drehungen um die eigene Achse läuten eine neue Ära ein: Das eben noch vermeintlich sicher auf dem Sofa deponierte Baby liegt urplötzlich brüllend auf dem Teppich davor. Ab jetzt ist der Boden der einzig sichere »Kurzzeit-Parkplatz«. Machen Sie sich dies zur Angewohnheit, um gefürchtete Stürze vom Wickeltisch zu vereiteln. Es passiert wirklich genau in der einen (!) Sekunde, in der man nur schnell eine Windel holt oder ans Telefon geht.

Im Krabbelalter erweitert sich der Aktionsradius explosionsartig, da geht der Spaß erst richtig los. Unermüdlicher kindlicher Bewegungsdrang gepaart mit angstfreier Abenteuerlust halten Erziehungsberechtigte ununterbrochen auf Trab. Beginnt die Brut zu laufen, ist nichts mehr vor ihr sicher. Um zuverlässig Gefahr für Leib und Leben der kleinen Hasardeure abzuwenden, scheint eine mehrköpfige Spezialeinheit erforderlich.

Zur Schadensbegrenzung haben sich die folgenden Maßnahmen bewährt.

Tipp Nr. 9: Die Flurbereinigung

»Die meisten Unfälle passieren im Haushalt!« Was wie ein Verkaufsargument abschlusswütiger Versicherungsvertreter klingen mag, ist leider nicht von der Hand zu weisen. Erst recht bei kleinen Kindern nicht. Von brennender Neugier und unbändigem Forscherdrang unermüdlich getrieben, kennen sie keine Gefahren und stürzen sich Hals über Kopf von einem Abenteuer ins nächste. Dicht gefolgt von mindestens einem Elternteil, der mit Schweißperlen auf der Stirn (es sind zu gleichen Teilen Angstschweiß und Anstrengung) das Schlimmste zu verhindern sucht.

Je kindersicherer Sie Ihre Wohnung präparieren, umso entspannter können Sie Ihren Nachwuchs auf Entdeckungsreise schicken. Verhindern Sie unfreiwillige Stunts und ernste Verbrennungen mit Treppen- und Herdschutzgittern und unterbinden Sie Stromspannungs-Experimente mit Steckdosensicherungen. Gefährliche Gegenstände (Putzmittel, Medikamente, Messer usw.) gehören hinter Schloss und Riegel oder in obere Schrankreihen. Der Inhalt bodennaher Regalplätze sollte harmlos und unzerstörbar oder ungefährlich und ersetzlich sein.

Unschuldige Dekorationsartikel bergen erhebliches Chaospotenzial: Tischdecken beispielsweise werden von Krabbelkindern gern als Aufstehhilfe missbraucht. Herabfallendes Geschirr gefährdet unter Umständen Leib und Leben und Verbrühungen mit heißem Tee oder Kaffee sind äußerst unangenehme Erfahrungen, die man sich oder seinem Kind tunlichst ersparen sollte. Die Beeinträchtigung des Familienfriedens durch zerschlagenes Porzellan ist in diesem Fall zu vernachlässigen – Tante Inge wird früher oder später darüber hinwegkommen, dass die Zuckerdose aus der Aussteuer hinüber ist. Und da Sie in Anwesenheit kleiner Kinder ohnehin nie länger als fünf Minuten ungestört am Tisch sitzen können, kommen Sie einige Jahre sicher auch ohne frisch gestärktes Leinentuch auf der Kaffeetafel aus.

Tipp Nr. 10: Der geschickte Dreh

Die Tür zur großen weiten Welt öffnet sich für kleine Leute lange Zeit glücklicherweise nur mit Hilfe eines Erwachsenen. Ist der aufrechte Gang aber eine Weile geübt worden, starten abenteuerlustige Töchter und Söhne über kurz oder lang ihre ersten Versuche auszubüxen. Einer Primaballerina gleich balancieren sie auf den Zehenspitzen, um bei maximaler Streckung wenigstens schon einmal mit den Fingerspitzen an die Klinke heranzureichen.

Es fehlt noch ein Zentimeter? Gut so, dann besteht noch kein akuter Handlungsbedarf – wenn Sie Glück haben und den Minis vorerst nicht in den Sinn kommt, einen Hocker zu Hilfe zu nehmen.

Um rechtzeitig Anti-Alleingang-Vorkehrungen treffen zu können, nehmen Sie sich vor Wachstumsschüben in Acht und behalten den Aktionsradius Ihrer Sprösslinge stets aufmerksam im Blick. Auch wenn derlei Ausflüge gewöhnlich gut ausgehen, können Sie auf diese Art von Nervenkitzel getrost verzichten.

Ein geschickter Dreh vereitelt unbeaufsichtigte Solo-Auftritte kleiner Weltenbummler in der Nachbarschaft. *Demontieren Sie die innenliegende Klinke Ihrer Wohnungstür und setzen Sie sie um 90 Grad nach oben gedreht wieder ein.* So kommt sie von der Waagerechten in eine senkrechte Position, ist eine Zeit lang für Gartenzwerge wieder nicht erreichbar und lässt sich (aufgrund der veränderten Hebelwirkung) schwerer öffnen. Ach, wenn alles so einfach wäre …

Tipp Nr. 11: Die plakative Warnung

Im familiären Sicherheits-Dilemma trifft das elterliche Schutzbedürfnis auf den Freiheitsdrang und die Abenteuerlust der Schützlinge. Die klassische Warnung vor der heißen Herdplatte, an der man sich nicht nur sprichwörtlich die Finger verbrennt, findet dabei mal mehr, mal weniger Gehör. Vorsichtigen Youngsters genügt der eindringliche Warnhinweis der Eltern, ihnen bleibt die schmerzhafte Erfahrung erspart. Die Kecken schlagen den wohlgemeinten Rat in den Wind und müssen die Konsequenzen erst am eigenen Leib erfahren.

Unabhängig vom Temperament erkennen kleine Kinder viele Gefahren einfach nicht. Zudem lassen sie sich sehr leicht ablenken. So weit die schlechten Nachrichten. Die guten Neuigkeiten: *Gebetsmühlen-artig wiederholte Ermahnungen setzen sich irgendwann fest. Und je plakativer sich der Gefahrenhinweis gestaltet, umso größer ist die Aussicht auf Erfolg.*

Des Weiteren heißt die Devise: üben, üben, üben. Zum Beispiel ständige Achtsamkeit im Straßenverkehr – die ist von Erwachsenen schon viel verlangt, für kleine Kinder aber eine noch viel größere Herausforderung. Vorturnen (genau, Vorbildfunktion) und stetiges Training umsichtigen Verhaltens verhindern gefährliche Situationen: Vor Überquerung der Straße müssen alle nach rechts und links schauen und dürfen immer (!) nur bei Grün über die Ampel – »Bei Rot muss man warten, bei Grün darf man starten«.

Zuwiderhandlungen werden rigoros mit Standpauken geahndet, die Konsequenzen unvorsichtigen Verhaltens bildhaft geschildert. Junge Verkehrsteilnehmer können mit der abstrakten Aufforderung, bei der Straßenüberquerung gut aufzupassen, damit sie nicht überfahren werden, herzlich wenig anfangen. Beeindruckender und damit wirkungsvoller sind plakative Argumente wie: »Wenn ein Auto dich überfährt, bist du tot und kannst niiiiie wieder Gummibärchen essen!«

Garantiert gelingt es Ihnen so, den einen oder anderen Hasardeur zu etwas mehr Besonnenheit zu bekehren.

DER TOP-TIPP:
Tipp Nr. 12: Die Nummer sicher

Ein Gartenzwerg geht im Gewimmel plötzlich allein auf Entdeckungstour? Das treibt Eltern den kalten Schweiß auf die Stirn. Daher ist es besser, präventiv auf Nummer sicher zu gehen: *Bis Kinder die Telefonnummer der Eltern auswendig können, schreibt man sie ihnen bei Großveranstaltungen einfach mit einem Kuli gut sichtbar auf den Arm.* Das hat gegenüber ähnlichen Methoden mehrere Vorteile: Die Maßnahme ist nicht nur verblüffend einfach, sondern auch kostenlos und funktioniert zuverlässig. Auf einem angewachsenen Körperteil kann die Nummer für gewöhnlich nicht verloren gehen, während eine Visitenkarte in der Tasche der Kinderjacke zwar denselben Zweck erfüllt, aber gern einmal verschwindet. Selbst wer noch nicht sprechen, aber schon ausbüxen kann, ist auf der sicheren Seite: kurz das kleine Ärmchen mit der rettenden Telefonnummer gereckt und schon ist die Familie so gut wie wiedervereint.

Auf einem angewachsenen Körperteil kann die Telefon-nummer für gewöhnlich nicht verloren gehen …

Auch wenn Sie Ihre Sprösslinge in 99,9 Prozent aller Fälle Gott sei Dank umsonst beschriften, sind die kleinen Abenteurer für den Ernstfall gewappnet und so entfaltet die Aktion unmittelbar ihre beruhigende Wirkung.

Die Idee wurde natürlich auch schon in ein vermarktungsfähiges Produkt umgesetzt: bunte Armbänder sind zur individuellen Beschriftung in verschiedenen Designs und Materialien im Handel erhältlich. Wenn Sie Ihren Nachwuchs aber nicht ständig damit ausrüsten wollen, werden Sie voraussichtlich das ein oder andere Mal doch zum Stift greifen.

Stecken Sie das Schreibgerät nicht gleich wieder in die Tasche – gewöhnlich finden sich spontane Nachahmer, die den Stift gern ausleihen. Und das ist der beste Beweis für eine wirklich gute Idee!

Tipp Nr. 13: Die Abmeldepflicht

Natürlich, die Welt ist schlecht und überall lauern Gefahren. Sie können Ihre Kinder auch nicht vor allen Bedrohungen des Alltags schützen, sie aber sehr wohl den richtigen Umgang damit lehren, ohne sie zu verängstigen.

Eine simple und gerade deshalb hervorragende Methode ist die Einführung einer für alle Familienmitglieder verbindlichen Abmeldepflicht. *Jeder,*

der weggeht, muss Bescheid geben, mit wem er wohin geht und für wann die Rückkehr geplant ist – egal ob Mama nur kurz zum Bäcker geht oder der Sohnemann seinen besten Freund nebenan zum Spielen treffen möchte. Damit sich niemand Sorgen macht, müssen die Eltern wissen, wo die Kinder sind, und umgekehrt die Kinder darüber informiert sein, wo sie ihre Eltern erreichen können.

Die Abmeldung ist insbesondere dann allererste Bürgerpflicht, wenn Abweichungen vom üblichen Tagesablauf oder von getroffenen Abmachungen anstehen. Wenn Ihre Tochter z. B. nach der Schule doch nicht nach Hause kommt, sondern bei der besten Freundin ihre Hausaufgaben erledigen möchte, muss sie kurz Bescheid sagen. Das Fußballtraining fällt unvorhergesehen aus, Ihr Sohn wird stattdessen von einem Mannschaftskameraden zum Spielen eingeladen und dessen Vater bietet an, ihn im Auto mitzunehmen – gern, aber nicht ohne vorherigen Anruf zu Hause. So verhindern Sie auch den äußerst unwahrscheinlichen Fall, dass Ihr Kind zu dem netten fremden Mann ins Auto steigt, der 2 Kilogramm Gummibärchen in Aussicht stellt …

Tipp Nr. 14: Der Sitzstreik

Über manche Dinge wird nicht diskutiert, da gibt es keinen Millimeter Verhandlungsspielraum. Alle sicherheitsrelevanten Themen fallen in diese Kategorie, so auch das Thema Anschnallen im Auto. Die klare Regel lautet: Es wird erst losgefahren, wenn alle angeschnallt sind. Pädagogisch wertvoll erläutern Sie natürlich auch den Grund für diese Sicherheitsmaßnahme und schildern wortreich die möglichen Folgen eines Unfalls ohne Sicherheitsgurt. Wenn einer der kniehohen Insassen auf der Rückbank sich vehement gegen das Anlegen des Sicherheitsgurtes wehrt und es unmöglich ist, den sich windenden Strampelaal anzuschnallen, müssen Sie zu besonderen Maßnahmen greifen.

Eine Methode, die sich empfiehlt, wenn Sie nicht unter Zeitdruck stehen, ist der »Sitzstreik«. Sie verkünden, dass Sie erst dann losfahren, wenn alle angeschnallt sind. Dazu nehmen Sie demonstrativ ein Buch, eine Zeitung oder notfalls die Gebrauchsanweisung des Kraftfahrzeuges zur Hand (vielleicht erfahren Sie so endlich, dass sich ein Babykostwärmer an den Zigarettenanzünder anschließen lässt oder wie die Lautsprecheraktivität auf die Rückbank verlegt werden kann, um »Bobo Siebenschläfer« nicht aus nächster Nähe lauschen zu müssen) und vertiefen sich in die Lektüre, als ob Sie alle Zeit der Welt hätten. Auf Ansprache wiederholen Sie nur stoisch das Mantra: »Wenn du angeschnallt bist, können wir losfahren und darüber reden.«

Es kann sich übrigens durchaus beschleunigend auswirken, das Auto zu verlassen und draußen zu

warten. Endlich mal selbst streiken, was für ein Gefühl!

Tipp Nr. 15: Die Babysitter-Instructions

Kümmert sich ein Babysitter für mehr als eine-
Stunde-mit-dem-Kinderwagen-um-den-Block um
Ihren Liebling, sollte er so detailliert wie möglich über
alle Einzelheiten des Tagesablaufes informiert sein.
Je besser Ihre Vertretung die Routine kennt, desto
weniger Irritationen treten durch Abweichungen auf
und umso geschmeidiger verläuft die Betreuung.

Wie war das noch gleich mit der Flaschenmahl-
zeit? 6 Messlöffel Milchpulver auf 125 ml oder 5 Ess-
löffel auf 100 ml Wasser? Um 18 Uhr ins Bett oder
um acht?

Die Fülle von Details, die für Sie im »Tages-
geschäft« selbstverständlich ist, überfordert einen
Außenstehenden beim ersten Mal rasch, sodass es
sinnvoll ist, alles zum späteren Nachlesen minutiös
zu notieren. Einmal in den Computer geklopft, lassen
sich alle Informationen jederzeit wieder ausdrucken
oder zu einem späteren Zeitpunkt modifizieren.

*Schreiben Sie Ihrem Babysitter genau auf, was
er beachten und wie er den Tagesablauf mit Ihrem
Kind gestalten soll (Zubereitung von Mahlzeiten,
Fütterungszeiten und Bubutime, Einschlafritual
usw.).* Schildern Sie Gewohnheiten (z. B. dass Ihre

Tochter am besten mit dem karierten Nuckeltuch in der Hand einschläft) und erläutern Sie Besonderheiten (beispielsweise die momentane Aversion Ihres Stammhalters gegen den Waschlappen im Gesicht oder den wunden Po der jungen Dame, der mit einer speziellen Creme versorgt wird). Gehen Sie gemeinsam die Ausführungen durch, um auftretende Fragen sofort zu klären, und weisen Sie auf die Telefonliste mit den Notfall-Nummern hin (siehe nächster Tipp: Der heiße Draht). Hinterlassen Sie zusätzlich zu Ihrer Handynummer gegebenenfalls auch die des Restaurants, der Gastgeber oder des Theaters, um im Zweifel auch dort erreichbar zu sein.

Diese »Gebrauchsanweisung« für Ihr Kind ist nicht nur ein wertvoller Fahrplan für Ihren Babysitter, sondern hat darüber hinaus auch außerordentlich beruhigende Wirkung auf besorgte Eltern.

Tipp Nr. 16: Der heiße Draht

In Zeiten des Internets und der smarten Phones sind Informationen über alles und jedes mit einigen Klicks ständig und überall greifbar – Stromversorgung und Netzabdeckung vorausgesetzt. Dennoch bieten althergebrachte Listen mehr als nur Retro-Charme. Einmal in einer übersichtlichen Tabelle zusammengestellt und an einem festen Ort deponiert (zum Beispiel auf einer Schranktürinnenseite in der Küche

oder am Kühlschrank), sind wichtige Telefon-
nummern ohne hektisches Suchen sofort parat.

Auf die Liste gehören alle wichtigen Rufnummern,
auf die Sie selbst beizeiten zugreifen müssen, und
solche, die Ihr Babysitter für Rückfragen oder im
Notfall benötigt.

Notieren Sie die wichtigsten Ansprechpartner mit
Adresse, Festnetz- und Mobilnummer:

- Mutter (gegebenenfalls mit Büroadresse)
- Vater (gegebenenfalls mit Büroadresse)
- Großeltern (oder sonstige Verwandtschaft
  in der Nähe)
- Nachbarn oder Freunde, die im Notfall ange-
  sprochen werden können (diese »Telefon-Joker«
  sollten natürlich von ihrer Rolle wissen und
  entsprechend informiert werden)
- Kinderarzt (mit Sprechstunden)
- Kinderärztlicher Notdienst
- Hausarzt
- Zahnarzt
- Kinderzahnarzt
- Zahnärztlicher Notdienst
- Giftnotruf-Zentrale
- Apotheke (ein Taxi kann gegebenenfalls
  Medikamente abholen; eventuell liefert
  die Apotheke auch direkt)
- Taxi
- Feuerwehr/Notruf 112

Ihre Kinder möchten die Übersicht vielleicht noch mit der Rufnummer des Kinderschutzbundes vervollständigen, um im Falle besonders schlechter Behandlung durch gemeine Traktate ihrer Erzeuger Unterstützung von höherer Stelle zu erhalten. Damit sollten dann aber sämtliche Eventualitäten Berücksichtigung gefunden haben und das Thema »Telefonische Erstversorgung« erschöpfend abgearbeitet sein.

ESSEN

Sie können noch so aufrecht mit schwebenden Unterarmen am Tisch sitzen und mit vorbildlicher Eleganz kleine Häppchen zum Mund führen – in Sachen Tischmanieren scheint der Nachahmungseffekt meist völlig auszubleiben. So erklingt landaus, landein dieselbe Leier: »Setz dich bitte gerade hin. Nimm die Ellenbogen vom Tisch. Schließe deinen Mund beim Kauen!«

Noch immer warten wir darauf, dass die Top 10 der elterlichen Aufforderungen zu zivilerem Benehmen bei Tisch als Endlosschleife auf CD erscheinen. Dann könnte man jedem minderjährigen Mitesser einen Kopfhörer verpassen und in Ruhe essen, ohne ständig Benimmregeln zu soufflieren. Bis es so weit ist, werden alltägliche private Knigge-Seminare aber Dauerbrenner bleiben.

Mit einigen raffinierten Kniffen lässt sich Ihr Leben als SeminarleiterIn jedoch ungemein erleichtern. Mitunter reicht schon ein kleiner Anreiz, um den Nachwuchs zu einer einigermaßen appetitlichen Nahrungsaufnahme zu bewegen. Ein paar Gummibärchen zum Beispiel können manchmal wahre Quantensprünge in der Esskultur bewirken.

Und es gibt eine weitere überraschend gute Nachricht: Kinder können zwar über unvorstellbar lange Strecken Mono-Diäten mit Nudeln, Pommes oder Pizza durchhalten, sie essen aber auch klaglos Obst und Gemüse! Nein, nein – ungläubige Blicke und skeptisches Stirnrunzeln sind da völlig fehl am Platze. Am besten testen.

Tipp Nr. 17: Die Futterstelle

Manche Ratschläge aus berufenem Munde klingen so unglaublich trivial, dass man sie schlichtweg sofort wieder vergisst. Pränatal fehlt vor allem die Vorstellungskraft, wie segensreich Präventionsmaßnahmen sein können und wie viel Weisheit in einer simplen Regel stecken kann. Irgendwann aber naht die Zeit, in der man gut beraten ist, sich wieder an diese Tipps zu erinnern.

Zum Beispiel wenn es um die schleichende Verfestigung unseliger Gewohnheiten geht: Zunächst sind es nur ein paar Kekskrümel oder ein umgekipptes Glas Wasser auf dem Teppich – in der Tat nicht der Rede wert. Dann findet sich Dörrobst in der Legokiste, was schon unappetitlicher ist. Und spätestens, wenn Ihre Knirpse versuchen, mit einem Joghurtbecher in der einen und dem Löffel in der anderen Hand auf das Sofa zu klettern, sich ihr Eis mit dem Lieblingskuscheltier teilen möchten oder ein angeknabbertes Salamibrot am Bett klebt, besteht Handlungsbedarf.

Ziehen Sie die Notbremse und geben rasch eine unumstößliche Parole aus: »Gegessen und getrunken wird ausschließlich in der Küche!« Diese scheinbar banale Regel einer erfahrenen Tagesmutter mögen Sie belächeln. Allerdings nur so lange, bis Sie selbst erleben, was ein Duplo in der Hand eines Kleinkindes alles anrichten kann …

Tipp Nr. 18: Die Mama auf den Schrank!

Dezidierte Vorträge über Schmackhaftigkeit und Vitamingehalt von Gemüse stoßen gewöhnlich auf taube Kinderohren. Wer seinen Nachwuchs davon überzeugen will, sich Grünzeug in den Mund zu stecken, sollte zu Argumenten der etwas anderen Art greifen. Dass ein Lebensmittel gesund ist, mag aus Erzeugerperspektive ein triftiger Grund für dessen Verzehr sein, zieht aber bei der Folgegeneration selten. *Wecken Sie das Interesse an vitaminreicher Kost, indem Sie Ihrer Brut den durchschlagenden Effekt des Konsums verkaufen: Kraft. Ach, was: Bärenkräfte. Sofort!*

Welcher Gartenzwerg träumt nicht davon, eines Tages so stark zu sein wie die Mutter oder gar der Papa? Und wenn das nur durch den Verzehr von Gemüse zu schaffen ist, dann immer her damit!

Das Tolle ist: Schon nach ein paar Löffeln macht es sich bemerkbar. Zu Motivationszwecken bietet sich eine engmaschige Kontrolle an. Wenn Papa prüfend Popeyes Oberarm umfasst, nickt er bedächtig und sagt nach einer kleinen Kunstpause anerkennend: »Ui, nicht schlecht. Hut ab, das nenne ich kräftig! Wie sieht es denn mit dem anderen Arm aus? … Hm, hm. Hier ist noch nicht so viel angekommen. Die Seite verträgt noch zwei, drei Löffel.«

Futtert das Kind sich fleißig durch die Vitamine, verstärkt künstliche Verknappung den Effekt, zum

Beispiel wenn sich der Vater mit besorgter Stimme an die Mutter wendet: »Wir müssen wirklich aufpassen, dass Lina nicht zu viel Salat ist. Hast du *die* Muskeln gesehen?« Frau Mama antwortet mit einem Seufzen: »Ja, unglaublich. Was machen wir bloß? Nicht, dass wir beide auf dem Schrank sitzen und nicht mehr herunterkommen!« Und zack! sind schon wieder zwei Salatblätter im Mund der Kleinen verschwunden.

Tipp Nr. 19: Salat oder Gemüse

Große Leute dürfen immer selbst entscheiden, was sie wann in welchen Mengen essen – und für die kleinen Leute bestimmen sie ungefragt gleich mit. Das ist natürlich eine himmelschreiende Ungerechtigkeit. Manchmal dürfen aber auch die Kleinen aussuchen und finden es riesig. Selbst, wenn es nur um eine klitzekleine Wahlmöglichkeit geht. Aussuchendürfen heißt gefragt werden, die beste Möglichkeit wählen und damit groß sein. Diesen Umstand können Eltern sich zunutze machen, um Salat und Gemüse fest im Speiseplan für die ganze (!) Familie zu verankern.

Erkundigen Sie sich vor jedem Essen, was es denn heute sein darf, und stellen Ihren Kindern dabei zwei Möglichkeiten zur Auswahl. Gedünstete Möhren lassen Max die Flucht ergreifen, aber roh werden sie anstandslos verzehrt? Das ist ja wunderbar – ein Arbeitsgang weniger und das Gemüse ist verfüttert. Spinat geht gaaaar nicht, aber über Gurken lässt sich mit Johanna reden? Hervorragend, Gurken sind auch gesund.

Keine Sorge – ich plädiere nicht dafür, jedem Familienmitglied diverse (Soja-)Extrawürste zu braten. Aber mit Hilfe von Rohkostausweichmöglichkeiten wird der Vitaminpegel der lieben Kleinen gepusht und die tägliche Portion Grünzeug ohne Murren zur Selbstverständlichkeit.

Tipp Nr. 20: Die klassische Bestechung

Die Zeiten, in denen es bei Tische galt, den Teller leer zu essen, damit die Sonne scheint, sind ja Gott sei Dank vorbei. Heutzutage beschränkt sich das Abräumkommando auf die Gemüseration, die gesichert den Weg in den Kindermagen finden soll.

An dieser Stelle sei auf eine anatomische Besonderheit hingewiesen, die meist temporär in jüngsten Jahren auftritt, sich mitunter aber nicht verwächst und bis ins Erwachsenenalter erhalten bleiben kann. Die Rede ist vom sogenannten »Nachtisch-Magen«, der sich – Simsalabim – angesichts süßer Verlockungen bei angeblich pappsatten Tischgästen öffnet. Signalisiert der Inhaber des prall gefüllten »Haupt-Magens« wort- und gestenreich »Ich kann nicht mehr (Gemüse essen)!«, findet sich im Reserve-Organ sehr wohl noch Platz für ein Dessert. »Nachtisch-Magen-Knurren« ist ein reflexartiges Körpersignal kurz vor dem »Süßspeisen-Hungertod« und löst starkes Unwohlsein aus. Die Aussicht auf etwas Süßes weckt erhebliche Begehrlichkeiten und sorgt für maximale Verhandlungsbereitschaft.

Kein Wunder, dass die klassische Bestechung in diesem Fall außerordentlich gut funktioniert: *Wer sein Gemüse oder seinen Salat isst, bekommt einen leeeckeren Nachtisch. Alle anderen gehen leider leer aus.* So einfach ist das! Und in der Gruppe besonders wirksam, wenn ein Vitaminverweigerer zuschauen muss, wie der Rest der Familie ein Eis isst. Das Leben ist hart!

DER TOP-TIPP:
Tipp Nr. 21: Die Gummibärchen-Methode

Wenn Gummibärchen gegen Schwerkraft und Bequemlichkeit antreten, mag es einem vorkommen wie der Kampf von David gegen Goliath. Obsiegen ein paar Gramm Süßkram tatsächlich gegen den bleischwer auf der Tischkante liegenden Arm oder den übervollen Mund, in welchem die Komponenten des Abendessens einem Betonmischer gleich lautstark verarbeitet werden? Erfahrene Eltern schwören auf die Gummibärchen-Methode! Sie kombiniert die

Bedürfnisse des eben beschriebenen »Nachtisch-Magens« mit dem natürlichen Spieltrieb der lieben Kleinen.

Arrangieren Sie vor dem Essen ein paar Gummibären dekorativ auf einem Extrateller und erläutern dann die Spielregeln: Alle Bären, die nach der Mahlzeit noch auf dem Teller sind, gehören Ihrem Kind. Sie sind die gebührliche Belohnung für vernünftige Tischmanieren, die von Papa als Etikette-Inspektor oder von Mama als Knigge-Beauftragte überwacht werden. Auf was zu achten ist, wird genau festgelegt. Der Einfachheit halber und für das Erfolgserlebnis beginnt man mit nur einer Regel, zum Beispiel »Wir essen mit geschlossenem Mund«, »Der Ellenbogen schwebt« oder »Das Essen darf nur mit dem Besteck berührt werden«. Für ältere Kinder darf es komplexer werden, sie müssen ein aus mehreren Geboten bestehendes Regelwerk beachten.

Für missachtete Vorschriften verschwindet jeweils ein Gummitier vom Teller. Das wandert auf das Elternkonto. Selbstverständlich müssen sich auch die Großen an die Regeln halten. Werden sie »erwischt«, kommen zwei zusätzliche Bärlis auf den Extrateller.

Und dann geht es auch schon um die Wurst: Wer bringt die meisten Gummibärchen sicher nach Hause? Machen Sie sich auf ein spannendes Spielchen mit nahezu restauranttauglichem Benehmen gefasst.

Tipp Nr. 22: Das Leise-Spiel

Je stärker der Geduldsfaden junger Eltern im Laufe des Tages strapaziert wurde, umso schneller nähert er sich gegen Abend dem Zerreißen. Heiß ersehnt ist der Moment, in dem endlich alle Wichte selig im Land der Träume schlummern und Ruhe eingekehrt ist. Doch erst gilt es noch, die vor der völligen Ermattung ein letztes Mal so richtig aufdrehende Brut zu bändigen und das Abendessen mit der letzten Raubtierfütterung zu überstehen.

Je mehr Kinder am Tisch sitzen, desto lauter ist das Stimmengewirr. Diesen erhöhten Geräuschpegel kann man zu vorgerückter Stunde nicht mehr so gut ertragen und es spricht nichts dagegen, sich eines kleinen Kunstgriffes zu bedienen, um der Lage Herr zu werden. *Lenken Sie die überschüssige Energie der übermütigen Tischgesellschaft in konstruktive Bahnen und schlagen Sie das »Leise-Spiel« vor.* Die Wettbewerbsidee bringt die nötige Spannung in die Angelegenheit und ködert auch ältere Kinder. Bevor es losgehen kann, muss man sich allerdings zunächst einmal Gehör verschaffen, um die Spielregeln zu erklären. Nutzen Sie dazu den Moment der »gefräßigen Stille«, wenn jeder einen Bissen im Mund hat und zumindest nicht mehr *so* laut krakeelen kann.

Und so geht's: Wer bei Tisch am längsten leise sein kann (lachen darf man natürlich auch nicht!), hat gewonnen. Ein himmlisches Vergnügen, wenn mal ein paar Minuten »Ruhe im Karton« herrscht! Also: »Auf die Plätze, fertig, leise!«

Tipp Nr. 23: Das Räuber-Essen

Aaaaach, die Räuber, die haben es gut! Sie schnappen sich bei ihren Fressgelagen gewaltige Keulen mit beiden Händen und reißen mit den Zähnen so große Stücke Fleisch vom Knochen, dass sie den Mund gar nicht mehr schließen können. Dabei läuft ihnen der Bratensaft nur so das Kinn hinunter und sie schmatzen, was das Zeug hält. Mit fettigen Fingern grapschen sie nach dem Humpen und gießen sich das Bier in den Hals. Der abgenagte Knochen fliegt in hohem Bogen auf den Boden, ein lauter Rülpser verkündet das Ende der Orgie. Was für ein Fest!

Gönnen Sie Ihren armen benimmregelgeplagten Kindern ab und zu eine Auszeit vom Etikette-Stress und erlauben Sie ihnen zu essen wie echte Räuber. Den Part mit den fliegenden Knochen können Sie ja weglassen.

So ein »Räuber-Essen« ist ein hervorragendes Ventil für umfassendes Danebenbenehmen und wird Ihre kleinen Ganoven begeistern. Das Besteck bleibt in der Schublade, jeglicher Benimm auf der Strecke. An die Tafel hat man sich zu fläzen, die Ellenbogen müssen auf dem Tisch liegen, besser noch der ganze Arm. Jeder soll beherzt mit den Händen zugreifen

Gönnen Sie Ihren armen benimmregelgeplagten Kindern ab und zu eine Auszeit vom Etikette-Stress …

und mit vollen Backen geräuschvoll schmatzen. Beim Trinken ist Schlürfen die erste Räuber-Pflicht. Interessanterweise ist es gar nicht so leicht, sich wie ein richtiger Räuber zu benehmen …

Tipp Nr. 24: Das Nutella-Gesetz

Es gibt Dinge, die man isst, weil sie gesund sind, groß und stark und satt machen. Das ist die Pflicht, das im wörtlichen Sinne »tägliche Brot«. Und dann folgt die Kür mit den Schmankerln, deren genussvoller Verzehr unabhängig von Nährwert und Kaloriengehalt einfach nur beglücken soll. Zu viel des Guten sollte es aber bekanntlich nicht sein und die Rationierung stößt auch bei kleinen Naschkatzen erstaunlicherweise auf Verständnis, solange sie einfachen, aber festen Regeln folgt.

Es grenzt an ein Wunder und versetzt Eltern jedes Mal aufs Neue in Staunen: Regeln sind dazu da, eingehalten zu werden. *Interessanterweise ist niemand so einverstanden mit festen Regelungen wie ein Kind, solange sich alle daran halten müssen und es keine Ausnahmen gibt.* Sei es »Sonntags ist Nutella-Tag« oder »Nur einmal am Tag gibt es eine kleine Nascherei«. Während man sich an anderer Stelle den Mund fusselig redet, wird die Einhaltung von einmal aufgestellten Regeln diskussionslos akzeptiert. Vorausgesetzt, man lässt sich auf keinerlei Debatten ein.

Kommt Dienstag die Frage nach einem Nutella-Brot auf, reicht der Hinweis auf den falschen Wochentag, der durch das Nutella-Gesetz klar bestimmt ist. Fragt Junior bereits zum zweiten Mal an einem Tag nach Zuckerzeug, muss die elterliche Antwort klar sein: »Morgen wieder, du hattest heute ja schon.«

Bereits nach einigen erfolglosen Vorstößen ist das Prinzip klar und das Gesetz erfolgreich implementiert.

Tipp Nr. 25: Die Ohren langziehen

»Durst ist schlimmer als Heimweh«, weiß der Volksmund. Heimweh kann zwar außerordentlich quälend sein, ist aber nicht als lebensgefährlich einzustufen. Bei Durst sieht das schon ganz anders aus, insbesondere, wenn er kleine Leute ereilt. Sie sind nie nur ein bisschen durstig und scheinen Nahtoderfahrungen zu machen, wenn nicht binnen Sekunden nach der Wunschäußerung (»Ich hab Durst!«) beziehungsweise der dringenden Ein-Wort-Forderung (»Dua!«) ein Getränk zur Stelle ist.

Unterwegs mit verdurstenden Kindern gehören Trinkpäckchen deshalb zur lebensrettenden Grundausstattung. Warum die Verabreichung von Flüssigkeiten aus dem mobilen Getränkekarton trotz des wohlweislichen Hinweises »Bitte nicht draufdrücken,

Schatz!« *jedes* Mal in einer Sauerei endet, ist bislang ungeklärt, aber eigentlich auch vollkommen irrelevant. Strafen Sie die Statistik Lügen und verhindern Sie das scheinbar Unausweichliche mit einem kleinen Handgriff.

Bei der Patentfaltung der praktischen Getränkekartons entstehen rechts und links kleine Dreiecke, die an den Kartonseiten leicht verklebt werden. *Klappen Sie diese »Öhrchen« nach oben, schärfen Sie Ihren Kindern ein, ausschließlich dort anzufassen, und übergeben Sie das Getränk erst, wenn Ihr Kind an der richtigen Stelle danach greift.* Für die nun nicht mehr benötigten Taschen- und Feuchttücher wird sich sicher früher oder später eine anderweitige Verwendung finden …

ANZIEHEN

»Drama, Drama, Drama!« ist auf dem Laufsteg in der Sendung »Germany's Next Top-Model« ausdrücklich verlangt, in den meisten Kinderzimmern allerdings unerwünscht. Derlei Dramen können bereits in den ersten Lebenswochen vorkommen und haben ihren Ursprung zu diesem Zeitpunkt meist noch in der kategorischen Ablehnung von Bekleidungswechseln. Mit zunehmendem Alter kann sich darüber hinaus ein ausgeprägter Modegeschmack entwickeln, der – gepaart mit einem lebhaften Wunsch nach Selbstbestimmung – nicht selten zu leidenschaftlichen Auseinandersetzungen vor dem Kleiderschrank führt. Wann und ob ein Modefimmel überhaupt einsetzt, lässt sich kaum prognostizieren. Ein signifikanter Zusammenhang zwischen genetischer Prädisposition wie beispielsweise einer modebewussten Mutter oder einem familiären Faible für Freikörperkultur und dem Auftreten von Anziehdramen konnte bisher nicht wissenschaftlich belegt werden.

Wenn es beim Anziehen nur um Geschmacksfragen (Passt die geringelte Strumpfhose zum karierten Pulli?) oder Prinzipien (Kann man über längere Zeit ganztägig ein Fußballtrikot tragen?) geht, ist Gelassenheit angesagt. Bei Sandalen im Tiefschnee oder der Verweigerung von Gummistiefeln bei »Land unter« gibt es dagegen keine Diskussion. Das weite Feld dazwischen können Sie mit den folgenden Methoden abdecken:

Tipp Nr. 26: Der Dress-Code

Für das Erinnerungsfoto auf dem Paradekissen übersteht jedes Kind ein paar Minuten im unbequemen Sonntagsstaat mit der kratzenden Strumpfhose oder den drückenden feinen Schuhen ohne bleibende Schäden. *Im Alltag aber ist praktischer Kinderkleidung klar der Vorzug zu geben.* Im Kinderwagen schläft es sich in dem hinreißenden Kleidchen eher nicht so angenehm, weil der Rocksaum unter die Arme rutscht und die Prinzessin nicht auf der Erbse, sondern auf einer Kleiderwurst ruht.

Wenn in den letzten Monaten der Schwangerschaft der sprichwörtliche Nestbautrieb einsetzt, kommen Erstgebärenden im Hormontaumel beim Erwerb der Erstausstattung verständlicherweise nicht in erster Linie praktische Erwägungen in den Sinn. Doch jetzt bereits ein wenig auf Praktikabilität zu achten erspart später erhebliche Komplikationen. Hat der außerordentlich hübsch anzusehende Strampler obendrein eine Popoklappe oder Druckknöpfe im Schritt, muss der arme Stammhalter nicht bei jedem Windelwechsel komplett entkleidet werden. Auch Wickelbodys für die ersten Wochen entpuppen sich als geniale Errungenschaft und werden sich großer Beliebtheit erfreuen, weil Babys kleines Köpfchen sich durch kein enges Kopfloch quälen muss. Eine Sorge weniger!

Ist der raschelnde Windelpo Geschichte, wartet der Kindergarten mit neuen Anforderungen an das Outfit auf: Die Kinder müssen sich allein komplett an- und ausziehen und den Gang zur Toilette selbstständig erledigen können. Schlupfhosen mit Gummizug und Röcke bieten sich hier an, während Gürtel, Knöpfe, Reißverschlüsse, Schleifen und Knoten tabu sind, damit im wahrsten Sinne des Wortes nichts in die Hose geht. Und bis die Schleife beim Schuhebinden sitzt, sind Schuhe mit Klettverschluss ein Segen.

Auch muss sich die Kluft zum Toben, Klettern und Auf-dem-Boden-Spielen eignen und schmutzig werden dürfen. Sie wissen ja: Dreckige Kinder sind gesund! Materialermüdungserscheinungen oder Löcher, die auf unerklärliche Weise auftreten, sollten da kein Drama sein. Sie ahnen es: Bodenlange rosa Mäntel und Kleidungsstücke, die nicht in die Waschmaschine dürfen, erfüllen diese Kriterien nicht.

Tipp Nr. 27: Die Kinder-Garderobe

Das klassische Szenario: Die Tür geht auf, die Knirpse pfeffern ihre Jacke in die Ecke und marschieren (bestenfalls mit sauberen Schuhen) geradewegs ins Kinderzimmer. Nicht selten dicht gefolgt von einem dienstbeflissenen Elternteil, der die Joppe aufliest, zum Ausziehen des Schuhwerks auffordert und beides kommentarlos wegräumt.

Es könnte aber auch so aussehen: Die Rassel-
bande kommt zur Tür herein und zieht Schuhe und
Jacken aus, um gleich alles selbstständig an seinen
angestammten Platz zu bringen. Ein Fall für den
Kinderarzt? Nicht unbedingt!

*Wenn die Kindergarderobe mit Haken und Schuh-
ablage in Zwergenreichweite eingerichtet ist, besteht nach einigen Trainingseinheiten zumindest
die Möglichkeit, dass Kleidungsstücke kinderleicht
den Weg in die Garderobe finden.* Mit einer Kleider-
stange in Kinderschulterhöhe und kleinen, farben-
frohen Bügeln ist im Garderobenschrank die Kinder-
ecke schnell eingerichtet, Schuhe finden darunter auf
dem Schrankboden Platz. Alternativ verrichtet eine
Leiste mit bunten Haken – in circa 70 Zentimeter
Höhe an der Wand oder am Schrank befestigt – gute
Dienste. Jeder Sprössling bekommt einen Haken zu-
geteilt, an dem – mit dem Namen des Inhabers versehen – sich schnell die richtige Jacke wiederfindet.

Zugegeben, der Erfolg stellt sich nicht ad hoc
ein und insbesondere in der Frühphase sind die
Klamotten schneller und nörgelfreier von elterlicher Hand weggeräumt. Halten Sie sich deshalb zu
Motivationszwecken stets das Fernziel »selbst auf-
räumende Kinder« vor Augen. Auf die lustige Schuh-
Schnitzeljagd vor dem Spaziergang werden Sie recht
bald nur allzu gern verzichten.

DER TOP-TIPP:
Tipp Nr. 28: Die Anziehstraße

Anziehen in Formel-1-Geschwindigkeit? Mit der Anziehstraße kein Problem, sondern ein rasantes Vergnügen. *Alle Kleidungsstücke werden dazu in der logischen Reihenfolge und Richtung auf der richtigen Seite in einer »Straße« bereitgelegt, sodass das Kind nacheinander in alles hineinschlüpfen kann.* An der Startlinie liegt die Unterhose auf der Rückseite und mit dem Hosenbund »gegen die Fahrtrichtung«, gefolgt vom Unterhemd in Bauchlage mit Kopfloch Richtung »Zielfahne«. Weiter geht's in gleicher Manier mit Hose und Pullover. Sind die Socken auf der Zielgeraden angezogen, ist es an der Zeit, die Zielfahne zu schwenken und dem strahlenden Sieger gebührend zu gratulieren.

Für Fortgeschrittene wird ein Wettrennen daraus: Wer ist am schnellsten angezogen, Papa oder Kind? Auf die Plätze, fertig, los! Erhöhen Sie den Spaßfaktor, indem Sie zwischendurch ein verzweifeltes »Oh, Mist! Du bist schon fast fertig und ich finde meine Socken nicht!« verlauten lassen.

Oder Sie setzen ein Geschwister-Rennen an: Ist die kleine Schwester, die beweisen will, wie schnell sie schon ist, fixer als der große Bruder, der gern trödelt? Eine Unterhose und ein Strumpf Vorsprung für die Kleinere sorgt für eine faire Ausgangslage. Kommentieren Sie den Rennablauf und schildern

Anziehen in Formel-1-Geschwindigkeit?
Mit der Anziehstraße kein Problem …

Sie die Fortschritte in beiden Lagern möglichst dramatisch: »Und da bückt Lilly sich rasend schnell nach ihrem Unterhemd, zieht es wie der Blitz über den Kopf. Keiii-ne Chance für ihren großen Bruder, der noch immer an der Unterhose nestelt … Doch was ist denn da los? Lilly hat sich ablenken lassen und lässt wertvolle Sekunden verstreichen, die Ben dazu nutzt, aufzuholen … jetzt fehlen bei beiden nur noch die Socken. Meine Damen und Herren, was Sie hier sehen, ist ein hartes Kopf-an-Kopf-Rennen. Wer wird hier den Sieg davontragen?«

Sie werden verblüfft sein, wie viel Dynamik durch die Wettbewerbssituation entsteht und in welcher Lichtgeschwindigkeit kleine Bummelanten auf einmal vollständig bekleidet vor Ihnen stehen.

Tipp Nr. 29: Des Kaisers neue Kleider

Karnevals-Gegner überspringen diesen Tipp besser (es sei denn, sie sind völlig verzweifelt ob des allmorgendlichen Anziehdramas und zu allem bereit), fantasievolle Verwandlungskünstler werden voll auf ihre Kosten kommen.

»Des Kaisers neue Kleider« ist ein witziges Rollenspiel, das selbst Anziehmuffel und Trödler dazu bringt, sich ruck, zuck anzuziehen. Das schweißtreibende »Wir-müssen-in-17-Minuten-im-Kindergarten-sein-und-die-Prinzessin-ordnethingebungsvoll-Haarspangen-nach-Farben-anstatt-sich-anzuziehen«-Morgenszenario verliert so seinen Schrecken und macht aus der Bekleidungsnot eine Tugend: *Schnöde Kleidungsstücke werden mit einem neuen Namen zu begehrlicher Spezialausrüstung, die begeistert angelegt wird.*

Für Pferdefreunde bietet sich ein Ausritt an: »Kommt, Prinzessin, wir reiten heute zum Kindergarten! Ich habe mir erlaubt, Blacky für Euch zu satteln. Zieht bitte schnell Euer Reitzeug an, der Hengst wird unruhig und ich kann ihn dann nicht mehr halten ...« Die komplette »Reitmontur« liegt natürlich schon bereit: die Jeans alias »Reithose«, der Pulli oder besser gesagt die »Reitjacke« und die Mütze, hier »Reitkappe« genannt, usw. Das Pferd scharrt bereits ungeduldig mit den Hufen, bis der Reiter endlich startklar ist und es im gestreckten Galopp zum Kindergarten geht.

Der Ausritt kann natürlich auch auf kleine Cowboys umgemünzt werden. Die Fülle der Kostümierungsalternativen ist endlos, wobei Projekte mit erhöhtem Ausrüstungsbedarf wie Tauchgänge oder Raketenflüge sich besonders anbieten. Zum Beispiel können Taucher unmöglich ohne »Taucherhelm«, »-anzug« und »Flossen« auf Tauchstation gehen. Und ein Astronaut fliegt nicht ohne den kompletten »Raumanzug« zum Mond.

Ja, ja, liebe Karnevalsflüchter, dazu müssen Sie sich schon entblöden, Deal ist Deal!

Tipp Nr. 30: Der Countdown

Mit pädagogisch wertvollen Varianten der klassischen Erziehungsmethoden »Bestechung und Bedrohung« lassen sich langwierige An- und Ausziehdramen signifikant verkürzen.

Der eine oder andere mag im Frühstadium der Elternschaft über die drastische Formulierung stolpern. Früher oder später stellen aber auch die empfindlichsten Gemüter fest, dass man im turbulenten Familienalltag nicht zimperlich sein darf und Zeit und Nerven für Gerangel um Begrifflichkeiten zu kostbar sind. Um es positiv zu formulieren: In jedem Falle stehen Ihnen mit der in Aussicht gestellten Belohnung für Wohlverhalten einerseits (»Bestechung«) oder dem Wegfall derselben bei Fehlverhalten (»Bedrohung«) immer zwei Varianten zur Zielerreichung zur Auswahl. In Kombination mit einem Zeitlimit wird daraus eine oscarverdächtige Methode, mit der Sie beachtliche Erfolge feiern werden!

Setzen Sie eine Belohnung für Schnellanzieher aus, »Wer in fünf Minuten den Schlafanzug anhat, darf die Gutenachtgeschichte aussuchen!«, oder legen Sie eine Deadline fest, bis zu der Ihr Sprössling spätestens fertig sein muss: »Wer in fünf Minuten nicht umgezogen ist, bekommt keine Gutenachtgeschichte mehr vorgelesen!« Der Startschuss fällt mit Stellen der Eieruhr und wird laut kundgetan (»Die Zeit läuft!«), den Ablauf der veranschlagten Zeitspanne verkündet ihr Klingeln. Ein kleiner Zwischenstand (»Noch zwei Mi-nu-ten!«) hält die Spannung hoch und ermöglicht einen Endspurt. Kinder nehmen den Wettlauf gegen die Zeit sportlich und freuen sich über jede Sekunde, die sie der Eieruhr »abnehmen«. Triumphierend wird dann der Countdown bis zum Klingeln mitgezählt: »Neun, acht, sieben, sechs, fünf, vier, drei, zwei, eins, null – Rrrrrrring!«

Tipp Nr. 31: Der ferngesteuerte Roboter

Im Zeitalter von Computer, iPhone und Co ist die Technik auch in der Kindererziehung unentbehrlich geworden und unterstützt Erziehungsberechtigte hochwirksam bei leidigen Bekleidungsvorgängen. Technisches Gerät jeglicher Couleur übt auf Drei-käsehochs eine geradezu magische Anziehungskraft aus, sodass auch das Roboter-Spiel seine Wirkung nicht verfehlt. Mit dem kleinen Geheimschalter hinter dem Ohr Ihres Sprösslings können Sie den Roboter-Modus aktivieren, wenn Sie dieses Aus-stattungs-Extra vor der Geburt mitbestellt haben. Durch Betätigung des Knopfes wird das Programm »Kostümdrama« beendet und Ihr Kind befindet sich im fernsteuerbaren »Anziehmodus«.

Nehmen Sie eine handelsübliche TV-Fern-bedienung zur Hand, legen Sie den Schalter hinter dem Kinderohr um und untermalen Sie den Handgriff mit den Worten: »Roboter-Modus ein. Programm hochfahren. Anziehprogramm starten. Piep.« Unterstützt durch den demonstrativen Knopfdruck auf die Fernbedienung ertönt nun Ihre Roboterstimme mit den einzelnen Kurzbefehlen: »Unterhose anziehen, piep.« … »Unterhose erfolgreich angezogen, piep.« … »T-Shirt anziehen, piep.« … »T-Shirt erfolgreich angezogen, piep.« Steht das Kind völlig angezogen vor Ihnen, kann das Programm geschlossen werden: »Anziehprogramm erfolgreich beendet, piep. Herzlichen Glückwunsch. Piep!«

Wenn Sie Ihrem Kind eine besondere Freude bereiten wollen, reichen Sie die Fernbedienung anschließend weiter und lassen sich nun Ihrerseits fernsteuern. Besonders witzig wird es, wenn Sie dann eine falsche Programmierung inszenieren und nur Blödsinn machen, anstatt die erteilten Befehle auszuführen.

Tipp Nr. 32: Der kuschelige Dompteur

Haben Sie schon einmal daran gedacht, sich das Lieblingskuscheltier Ihres Kindes zum Komplizen im Kampf vor dem Kleiderschrank zu machen?

Leihen Sie dem treuen Gefährten eine Stimme und besprechen Sie lautstark mit ihm, wie man am besten dafür sorgt, dass sich alle Kinder auf der

Stelle blitzschnell anziehen. Beobachten Sie dabei unbedingt das Mienenspiel Ihres Nachwuchses. Diese Mischung aus Faszination (»Mein-Teddy-kann-doch-gar-nicht-sprechen-oder-etwa-doch?«) und Ungläubigkeit (»Papa-spricht-aber-die-Stimme-klingt-ganz-anders-als-sonst«) auf den kleinen Gesichtern ist unvergleichlich.

»Das ist doch ein Kinderspiel! Lass mich nur machen«, ruft Teddy. »Alles hört auf mein Kommando. Ich führe vor, wie es geht und alle Kinder machen es mir nach. Los geht's, zuerst die Unterhose.« Während sich die Kinder noch darüber wundern, wieso ihr kuscheliger Freund auf einmal sprechen kann, flitzt Teddy mit Ihrer Hilfe schon zum Kleiderschrank, holt eine Unterhose heraus und zieht sie sich entschlossen über den Kopf. Dann greift er zu einem Pullover und will ein Bein in den Ärmel stecken, was natürlich nicht funktioniert. Auweia, Teddy hat ja gaaar keine Ahnung, wie man sich richtig anzieht. Dafür sieht es sehr lustig aus!

Dann kommen Sie noch einmal ins Spiel: »Kinder, ich glaube, ihr müsst Teddy helfen und ihm zeigen, wie das geht!« Das werden sich Ihre Kinder nicht zweimal sagen lassen und ihrem besten Freund natürlich gern ein gutes Vorbild sein.

Tipp Nr. 33: One-WoMan-Pyjama-Party

Achtung: Es folgt ein Tipp für Hartgesottene – sowohl Eltern als auch Kinder. Die bemerkenswerte Erfolgsquote rechtfertigt die Anwendung des zugegebenermaßen ungewöhnlichen Ansatzes in Ausnahmesituationen.

Man soll Feste bekanntlich feiern, wie sie fallen. Gelegenheit zu einer Pyjama-Party der besonderen Art, nämlich einer One-Man-Pyjama-Party (oder One-Woman-Pyjama-Party), gibt es hoffentlich nicht alle Tage. Es ist so weit, wenn das Fräulein Tochter oder der Herr Sohn das Nachthemd beziehungsweise den Pyjama partout nicht ausziehen wollen, um sich in üblicher Tagesbekleidung auf den Weg zum Kindergarten zu machen. Sind sämtliche Versuche fehlgeschlagen, das Kind aus dem Schlafgewand zu locken, liegen die Nerven auf beiden Seiten blank und scheint die Situation aussichtslos, ist es an der Zeit für eine ausgefallene Maßnahme.

Verkünden Sie mit gefasster Stimme, dass in den kommenden fünf Minuten letztmalig die Möglichkeit besteht, den Schlafanzug gegen normale Kleidungsstücke zu tauschen. Nach ergebnislosem Fristablauf muss das Kind dann im Nachtgewand in den Kindergarten gehen. Schildern Sie, dass dort zumindest mit neugierigen Blicken, interessierten Nachfragen zum außergewöhnlichen Outfit und wahrscheinlich auch mit Gelächter zu rechnen ist. Normalerweise fallen Kinder ungern aus der Rolle und vermeiden eine derartige Situation. Oben genannte hartgesottene Persönchen lassen es aber durchaus einmal darauf ankommen, sodass dann die hartgesottenen Eltern die Sache durchziehen müssen. Äußerst unwahrscheinlich, dass eine zweite Pyjama-Party dieser Art erforderlich sein wird.

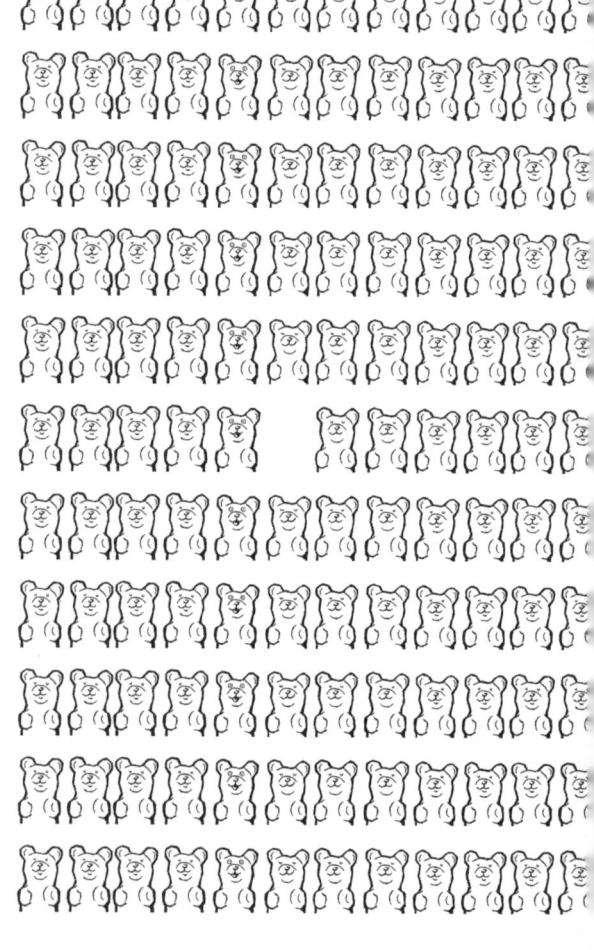

AUFRÄUMEN & ORDNUNG

Natürlich wäre es fantastisch, jederzeit auf einen Blick zu wissen, wie viele rote Vierer-Steine sich im Lego-Bestand befinden. Das würden Ihre Nachwuchs-Architektinnen und Ingenieure in spe sicher sofort vorbehaltlos unterschreiben. Um diesen durchaus wünschenswerten Standard aufrechtzuerhalten, müsste sich allerdings auch jemand dazu bereit erklären, ihn immer wieder herbeizuführen. Sie werden sicher anderes zu tun haben. Und die Lego-Fans?

Nun ja, Kleinkinder können in Tsunami-Geschwindigkeit Chaos stiften und »helfen« auch gern beim Aufräumen. Im Anfangsstadium ist das allerdings ein recht mühsames Geschäft – natürlich hat man schneller selbst aufgeräumt. Dennoch lohnt sich der Aufwand, da frühimplementierte Aufräumpflichten die einzige Chance auf ein Mindestmaß an später eigenständig gehaltener Ordnung sind. Können die Knirpse erste einfache Aufräumarbeiten selbstständig erledigen (»Bitte räume alle Bauklötze in die Kiste!«), klappt das ganz gut, vor allem, wenn immer zu bestimmten Zeiten aufgeräumt wird (beispielsweise vor dem Abendessen) und man die große Hilfe fleißig lobt. Sind die Kinder dann endlich in der Lage, allein aufzuräumen, haben sie jedoch meist keine Lust mehr dazu.

Also heißt es, sich auf eine gangbare Variante einzuschießen: Wenn Sie für gewöhnlich nicht den Drang verspüren, Ihre Handtücher zu bügeln, kommen Sie auch im Kinderzimmer mit einem mittleren

Ordnungsgrad zurecht. Bauwerke oder erkennbare Spielzeug-Formationen sollten Bestandsschutz genießen, alles andere muss weggeräumt werden. Dass allabendlich alle Legosteine ohne Ihr Zutun in der dafür vorgesehenen Kiste landen (was aufgebaut ist, darf natürlich stehen bleiben!), ist nämlich bereits ein äußerst ambitioniertes Vorhaben. Ambitioniert wohlgemerkt, aber nicht unmöglich. Ein paar erprobte Tricks rücken das Ziel in greifbare Nähe:

DER TOP-TIPP:
Tipp Nr. 34: Fort Knox

Wer es noch nicht live erlebt hat, kann sich das Chaos-Potenzial von Krabbel-Knirpsen und gerade des Laufens mächtigen Wichten nicht vorstellen. Binnen kürzester Zeit legen sie alles, was entfernt an Ordnung erinnert, in Schutt und Asche. Schubladen werden in Überschallgeschwindigkeit ausgeräumt und ihr Inhalt ist bereits bei der Landung auf dem Boden schon wieder uninteressant. Sekunden später fliegen im Vorbeigehen ein paar Bücher aus dem Regal, bevor Kurs auf einen geschlossenen Schrank genommen wird, in dem sich sicher etwas Interessantes findet … Sie können versuchen, die Verfolgung aufzunehmen und alles wieder an Ort und Stelle zu räumen. Oder derlei Aktionen durch ständige Verbote unterbinden.

*Mit unsichtbaren Schranksicherungen lassen
sich unerwünschte Zugriffe auf Schrank- und
Schubladeninhalte stressfrei verhindern.*

Um diese Zeit ohne Herzinfarkt zu überleben, empfiehlt sich eine ebenso elegante wie einfache Vorgehensweise. Sparen Sie sich unzählige »Nein, nein, NEEIIINs«: Kleine praktische Helfer übernehmen diese unliebsame und nervtötende Aufgabe. *Mit unsichtbaren Schranksicherungen lassen sich unerwünschte Zugriffe auf Schrank- und Schubladeninhalte stressfrei verhindern.* An der Innenseite der Tür oder des Schubfachs montiert, lassen sich diese Sicherheitshaken nur von Erwachsenen öffnen. Neugierige Schlingel stehen vor verschlossenen Türen und lassen – ganz ohne elterliches Verbot – von allein davon ab, wenn sie sich keinen Zugriff verschaffen können.

Welche Schublade bei der Verbarrikadierung »vergessen« wurde, finden die lieben Kleinen schnell heraus. Mit Feuereifer wird diese dann tausendfach ein- und ausgeräumt. Mit unkaputtbaren Plastikschüsseln und Rührlöffel lässt sich mehr oder weniger geräuscharm hantieren und auch die vielfältigen Stapel- und Spielmöglichkeiten werden das Jungvolk begeistern.

Tipp Nr. 35: Ene, mene, miste – es rappelt in der Kiste

Ein aufgeräumtes Kinderzimmer ist kein Selbstzweck: Fehlen die Spielfiguren für das Brettspiel und muss erst in verschiedenen Schubladen nach Bauklötzen gefahndet werden, bevor es losgehen kann, macht das keinen Spaß. Ein einfaches und übersichtliches System weist jedem Ding einen festen Platz zu. So ist zum Beispiel ein Regal mit offenen Fächern für Bücher oder Plüschtiere und Sammelkisten für Barbie oder Playmobil hilfreich, um leichter Ordnung zu halten und schnell aufzuräumen. Untere Regalplätze sind für häufig benutztes Spielzeug reserviert, erklärungsbedürftige Spiele oder Bastelutensilien, die die Unterstützung der Eltern erfordern, finden oben im Schrank Platz.

Damit die Nachkommenschaft überhaupt selbstständig Ordnung schaffen kann, müssen sämtliche Ordnungshilfen für Kinderhände geeignet sein und sollten »sortenrein« befüllt werden.

Kisten oder Körbe mit vernünftigen Henkeln lassen sich gut von »K« (wie Kinderzimmer) nach »W« (wie Wohnzimmer) transportieren. Sie sollten nur so groß sein, dass auch ein kleiner Mensch sie gefüllt (!) allein tragen kann, oder sie kommen auf Rollen daher, um sich schieben zu lassen.

Jedes Behältnis beheimatet jeweils nur eine Spielzeugkategorie: eines für Autos, ein weiteres für Tiere, ein drittes für Bauklötze usw. Ihr Kind darf für jede Kiste eine Inhaltsangabe malen oder basteln, die – für bessere Haltbarkeit laminiert – auf der Stirnseite aufgeklebt wird. Ein Foto, ausgeschnitten aus dem Spielzeugkatalog, eine ausgemalte Vorlage aus dem Internet oder ein selbst gemaltes Bild zeigen auf einen Blick, was sich im Inneren verbirgt.

So präpariert, sehen die Kisten nicht nur sehr dekorativ aus, sie lassen sich auch in ein kleines Spielchen zur Chaos-Beseitigung im Kinderzimmer einbinden. Beim Aufräum-Wettrennen wird der schnellste Aufräumer gekrönt: »Räumst du die Autos oder die Tiere ein? Wer zuerst alles in seiner Kiste hat, ist die Aufräum-Königin beziehungsweise der Aufräum-König. Achtung, fertig, looooos!«

Tipp Nr. 36: Die Abpfiff-Vorankündigung

Sie ist schon ein Kreuz, diese ewige Fremdbestimmung durch die Erzeuger. Dazu der ständige Zeitdruck, eine Zumutung! (Bevor »Mama, chill dich!« fester Bestandteil des Sprachrepertoires Ihrer Abkömmlinge wird, haben Sie glücklicherweise noch ein Weilchen Karenzzeit!) Morgens kommt man nicht schnell genug aus den Federn, abends nicht schnell genug hinein.

Zudem leben kleine Leute im Hier und Jetzt. Ihr Zeitverständnis ist rudimentär und Planungen – zum Beispiel »Um wie viel Uhr müssen wir wo sein?« oder »Wann sollten die Vorbereitungen beginnen, damit die Knirpse zu einer bestimmten Zeit in der Heia liegen?« – nicht ihr Aufgabengebiet. Versunken in »Mutter-Vater-Kind« oder eingetaucht in die spannende Welt der Ritter, vergeht die Zeit wie im Fluge. Und immer, wenn es gerade am aller-aller-schönsten ist, muss man mit dem Spielen aufhören. Wie gemein!

Bereitet man die ins Spiel vertieften Kinder auf den nahenden Abpfiff vor (zum Beispiel: »Wir müssen in zehn Minuten anfangen aufzuräumen und dann gibt es Abendessen!«), ist die Begeisterung natürlich nicht wesentlich größer. Aber: *Immerhin können sie sich dank der Abpfiff-Vorankündigung seelisch darauf einstellen, dass das Spielende naht, und noch ein letztes Mal die Autos über die Schanze oder die Barbies über den Laufsteg schicken.*

Hier kann sich auch die Eieruhr wieder nützlich machen: Wenn der Ablauf der zehn Minuten von neutraler Stelle verkündet wird, sind Sie wenigstens nicht allein der Buhmann.

Tipp Nr. 37: Die klare Ansage

Was Paartherapeuten für funktionierende Beziehungen predigen, ist auch im Eltern-Kind-Verhältnis ein Schlüssel zum Erfolg: Der Ton macht die Musik und die klare Formulierung von Wünschen sorgt erfahrungsgemäß am ehesten für deren Erfüllung. Die Vorstellung, der Partner möge einem die Wünsche von den Augen ablesen, ist sehr romantisch, gewöhnlich aber nicht zielführend. Insbesondere wenn es um die Durchführung unliebsamer Tätigkeiten geht, ist bei Groß und Klein das offene Wort aussichtsreicher. Sollten Ihre Kinder entgegen landläufiger Erfahrung Sätze wie »Mensch, hier sieht es ja aus wie im Schweinestall. Ich räume fix auf und sauge dann noch schnell durch!« zum Besten geben, behalten Sie das bitte taktvoll für sich und schätzen sich glücklich, solange dieser paradiesische Zustand anhält!

Ansonsten empfiehlt sich kluge Rhetorik: *Formulieren Sie Ihre Wünsche im Imperativ und benutzen Sie kurze, klare Sätze, die keine Auswahloption enthalten und die konkrete Aufgabenstellung eindeutig beschreiben.* Beispielsweise »Bitte heb den Löffel auf!« oder »Räum bitte die Tiere in die Kiste!« anstatt »Kannst du bitte den Löffel aufheben?« oder »Räum bitte dein Zimmer auf!«. Die offen gestellte Frage lässt im Gegensatz zur bestimmten Aufforderung Entscheidungsfreiheit und bietet Raum für ein »Nein!«. Das gilt es zu vermeiden. Zu komplexe Aufgabenstellungen (»Räum bitte dein Zimmer auf!«), die verschiedene Arbeitsgänge umfassen (Tiere in die Tierkiste, Bücher ins Regal und Kuscheltiere ins Bett) überfordern in jungen Jahren den Nachwuchs.

Zerlegt in einzelne Schritte, bleibt der Auftrag überschaubar und ist durchaus zu bewältigen. Beginnend mit »Bitte räum die Tiere in ihre Kiste!« geht es nach Erledigung weiter mit »Super. Jetzt stell bitte deine Bücher zurück ins Regal!« und so weiter.

Rhetorische Finessen sind natürlich keine Garantie dafür, dass Ihrem Wunsch entsprechende Taten folgen. Aber immerhin erhöht sich durch geschickte Formulierung die Wahrscheinlichkeit ganz erheblich.

Tipp Nr. 38: Take Five

Besser gut nachgemacht als schlecht selbst erdacht: Eine gute Quelle für praktische Tipps mitten aus dem Leben sind Kindergärten oder Krippen, die tagtäglich ganze Kinderhorden bändigen. Einen Sack dieser niedlichen Flöhe zu hüten stellt einerseits durch die Potenzierung der Aufgaben eine erhebliche Herausforderung dar: Zum Gang auf den Spielplatz müssen zehn bis zwanzig Kinder Jacke und Schuhe anziehen (während es zu Hause im statistischen Durchschnitt nur 1,7 an der Zahl sind) und ein Vielfaches an Spielzeug will am Ende eines Kindergartentages wieder aufgeräumt sein. Andererseits erleichtert die Macht der Gruppendynamik vieles: Aufgestellte Regeln gelten für alle und ihre Einhaltung wird nicht im Einzelfall diskutiert. Dafür sorgen nicht nur die Betreuer, die gar nicht die Zeit dazu haben, sondern auch die anderen Kinder, die gleiches Recht und natürlich auch gleiche Pflichten für alle einfordern. Wenn der Kindergartenspielplatz am Nachmittag aussieht, als sei eine Bombe eingeschlagen, schaffen viele kleine Hände schnell ein Ende. *Erfüllt jedes Kind sein Soll mit dem Auftrag, fünf Teile wegzuräumen, ist das für den Einzelnen eine überschaubare Aufgabe, in der Summe aber ein beeindruckendes Ergebnis.*

Das funktioniert auch für den Hausgebrauch hervorragend, wenn mehrere Kinder das Kinderzimmer verwüstet haben. Insbesondere, wenn die Regel bereits in den kleinen Köpfen der Kindergartenkinder verankert ist, weiß jeder, wie schnell mit der Take-Five-Regel die ursprüngliche Ordnung wiederhergestellt ist. Da zetteln selbst Aufräum-Muffel keine Diskussion an!

Tipp Nr. 39: Eieruhr statt Eiertanz

Trotz flehentlichen Hoffens ordnungsliebender Eltern werden Kinder auch im 21. Jahrhundert nicht mit einem Aufräum-Gen geboren. Jede Familie muss ihren Aufräumstandard definieren und dann die Aufgaben zu dessen Erreichung möglichst gerecht auf die Familienmitglieder verteilen. Intrafamiliär kann der Ordnungssinn bereits recht unterschiedliche Ausprägungen aufweisen, zwischen den Generationen ist das Gefälle gewöhnlich besonders groß und Diskussionen damit an der Tagesordnung. *Die klassischen Erziehungsmethoden »Bestechung« und »Bedrohung« beenden auch derlei Debatten und leisten in Kombination mit der Eieruhr gute Dienste bei der Chaos-Beseitigung im Kinderzimmer.* Sprechen Sie eine Belohnung für schnelles Aufräumen aus (zum Beispiel: »Wer in fünf Minuten die Autos weggeräumt hat, bekommt einen Nachtisch/ darf die Gutenachtgeschichte aussuchen!«) oder kündigen Sie die Streichung von Annehmlichkeiten an, wenn es nicht fluppt (beispielsweise: »Wer in fünf Minuten nicht alle Barbiepuppen weggeräumt hat, bekommt keinen Nachtisch/keine Gutenacht- geschichte!«).

In Bezug auf die veranschlagte Zeitspanne kann man sich durchaus gesprächsbereit zeigen und bei besonders katastrophalen Zuständen, die sich keinesfalls binnen fünf Minuten beseitigen lassen, ein paar Extra-Minütchen zugestehen. Inhaltlich gibt es allerdings keinen Verhandlungsspielraum und wenn die Eieruhr klingelt, muss alles weggeräumt sein, damit die Belohnung »ausbezahlt« wird.

Tipp Nr. 40: Die Fleißkärtchen

Eine etwas komplexere Variante der klassischen Belohnungsstrategie ist das Fleißkärtchen-Modell. *Ein bestimmtes Wohlverhalten wird jedes Mal mit einem Punkt belohnt. Bei Erreichen einer fest- gelegten Punktzahl winkt eine begehrte Kleinigkeit.* Man stellt für »10 x Aufräumen ohne Theater« zum

Beispiel ein Comic-Heft in Aussicht, lockt mit einem Eis oder einer halben Stunde Fernsehzeit außer der Reihe – je nachdem, was den Aufräumeifer der Nachkommenschaft am besten pusht.

Um den jeweiligen Punktestand zu visualisieren, hängt ein Zettel mit zehn freien Feldern an prominenter Stelle aus. Gleich daneben prangt der dekorative Eis- beziehungsweise TV-Gutschein oder der Comic als Motivationshelfer. Nach jedem untadeligen Aufräumvorgang darf das ordentliche Kind feierlich ein Feld mit einem Punkt versehen oder (noch begehrter!) einen Sticker aufkleben. So sieht jeder auf einen Blick, wie häufig für die angestrebte Belohnung noch brav aufgeräumt werden muss.

Im Geschwisterwettstreit wird die Fleißkärtchen-Methode noch interessanter. Da niemand zusehen möchte, wie Bruder- oder Schwesterherz die Prämie entgegennimmt, während man selbst noch um fehlende Punkte kämpft, wird ohne Murren blitzartig aufgeräumt.

Tipp Nr. 41: Das trojanische Aufräumen

Einigen hartnäckigen Aufräum-Boykottierern kommt man selbst mit den bereits geschilderten Spielchen nicht bei. Sie versuchen, sich mehr oder minder geschickt zu drücken, weil sie so gar keine Lust zum Aufräumen haben, oder suchen die offene Konfrontation.

Durch regelmäßige Tests wird die Konsequenz der Erziehungsberechtigten auf die Probe gestellt, um tagesaktuell zu erfahren, wie ernst eine Aufforderung zur Wiederherstellung der Ordnung zu nehmen ist. Jedes Manöver, dessen Erfolgswahrscheinlichkeit größer als null ist, wird dabei als chancenreich erachtet. Selbst die platteste aller Varianten, ein simples »Nein!«, ist im Zweifel einen Versuch wert.

Will ein kleiner Revoluzzer sich partout nicht an den Aufräumarbeiten beteiligen, greift der strategische Zwei-Stufen-Plan: *Mit der eigenen Hand umschließt man die des Kindes, greift so ein paar Spielzeuge, die weggeräumt werden müssen, und befördert sie gemeinsam an ihren Platz.* Nach getaner Arbeit lobt man das Werk, als habe man nicht eingegriffen, und geht zur Tagesordnung über. Der Plan wird am Folgetag wiederholt und von der Ankündigung begleitet, dass am dritten Tag nicht allein weggeräumte Spielsachen für eine Woche verschwinden.

Auch auf die Gefahr hin, den geschätzten Leser mit der nun folgenden Ermahnung zu beleidigen: Belassen Sie es bitte auf *gar* keinen Fall bei einer leeren Drohung! Lassen Sie Taten folgen und die besagten Gegenstände wirklich verschwinden. Ein geleertes Kinderzimmer mit dezimiertem Spielzeugangebot wird seine Wirkung nicht verfehlen.

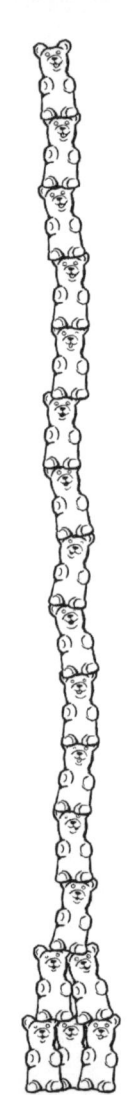

SELBSTSTÄNDIGKEIT & SELBSTBEWUSSTSEIN

Es gibt Kinder, deren Ego von Anfang an die eigene Körpergröße um einiges übersteigt. Sie können nicht nur sofort alles selbst (»Alleiiiiine!«), sie wissen vor allem auch schon sehr früh alles besser. Selbstbewusste Naturen trauen sich alles zu, probieren viel aus und werden durch eifriges Üben erfreulich schnell selbstständig. Ihre Eltern sind durch regelmäßige unkontrollierte Alleingänge der Abkömmlinge im Frühstadium allerdings herzinfarktgefährdeter als Erzeuger einer vorsichtigen Nachkommenschaft. Ein elterliches »Nein!« wird nicht notwendigerweise als Verbot interpretiert, sondern gern als Hinweis auf etwas besonders Interessantes verstanden. Die Energie kleiner Draufgänger muss in sichere Bahnen gelenkt und ihr Sinn für Gefahren geschärft werden, um Risiken für Leib und Leben einzudämmen.

Und es gibt Kinder mit dem Lebensmotto »Vorsicht ist die Mutter der Porzellankiste!«. Sie halten sich auf unbekanntem Terrain zunächst vornehm zurück und orten die Lage von sicherem Beobachtungsposten aus, bevor sie selbst ins Geschehen eingreifen. Ein einmaliges Veto von Mama oder Papa wird gewöhnlich akzeptiert und auch für länger als zehn Sekunden verinnerlicht. Unfallverhütungsmaßnahmen sind nur in überschaubarem Umfang nötig und Katastrophenalarm wird eher selten ausgerufen. Die Aufgabe der Eltern besteht demzufolge in geschickten Ermutigungen und schrittweiser Stärkung des Selbstbewusstseins zurückhaltender Sprösslinge.

Zum Glück gibt es ein paar verlässliche Wege, die Forschen ein wenig zu bremsen und die Vorsichtigen aus ihrem Schneckenhaus zu locken.

Tipp Nr. 42: Die Rhetorikstütze

Die ersten mutigen Schritte wecken die Abenteuerlust. Wer den aufrechten Gang beherrscht, möchte unweigerlich weiter und höher hinaus. Die Welt will erobert, beklettert und erklommen werden. Jedes Mäuerchen lädt zum Balancieren ein, die große Rutsche auf dem Spielplatz ist eine echte Herausforderung. Übung macht den Meister, aber nicht alle Meisteranwärter haben nervenstarke Eltern, die Turnmanöver gelassen beobachten können. Es ist zugegebenermaßen gar nicht so einfach, den Beschützerinstinkt auf der Spielplatzbank zurückzulassen. Aber in ständiger Alarmbereitschaft mit dem Sprungtuch neben der Rutsche zu stehen, ist auch keine Lösung. Ein aufgeregtes »Pass auf, du fällst da gleich runter!« verhilft insbesondere ängstlichen Kindern nicht gerade zu einem sicheren Stand. Verunsichert und abgelenkt durch den nervösen Zwischenruf, werden sie Opfer der selbsterfüllenden Prophezeiung und fallen häufig tatsächlich.

Ein winziger rhetorischer Kniff mit großer Wirkung hilft Ihrem Klettermax, kleine Abenteuer zu bestehen. *Mit konstruktiven Formulierungen wie*

»Halt dich gut fest!« oder »Mach kleine Schritte!«
signalisieren Sie einerseits, dass Sie Ihrem Kind die
Aktion zutrauen, und andererseits steuern Sie auch
noch einen wertvollen Tipp zum besseren Gelingen
bei. Je früher und je häufiger Ihr Kind klettert, umso
besser wird seine Körperbeherrschung und umso
sicherer jede weitere Kletteraktion. Und: Bewegung
macht schlau, weil das Gehirn durch körperliche Anstrengung besser mit Sauerstoff versorgt wird, sagen
die Experten. Also frisch voran!

Tipp Nr. 43: Ein Freund aus Plüsch

»Ein Freeeund, ein gu-ter Freuund. Das ist das
Schönste, was es gibt-auf-der-Welt!« So besingen
die Comedian Harmonists das hohe Gut der Freundschaft. Der erste selbstgewählte »Freund« und treue
Begleiter durch dick und dünn ist aus Plüsch und
bleibt oft von der Wiege bis ins Erwachsenenalter
ein geschätzter Kamerad. Im Gegensatz zu anderen
Spielzeugen haben Kuscheltiere eine Seele und deshalb auch einen Namen und ein Eigenleben (»Püppi
ist gerade einkaufen. Sie braucht neue Schuhe.«). Sie
sind Persönlichkeiten mit Fähigkeiten und Eigenschaften (»Püppi mag aber keine Möhren!«), zu
denen Kinder eine intensive Beziehung aufbauen
(»Ich kann sie ja fragen, ob sie trotzdem mit uns zu
Abend essen will.«).

Diese besonderen Plüschkameraden sind wichtige Verbündete der Kinder und eine echte Hilfe für ihre Eltern: *Sie geben auf fremdem Territorium Sicherheit, vermitteln Geborgenheit und helfen beim Einschlafen, stehen jederzeit für eine zusätzliche Kuscheleinheit zur Verfügung und sind in allen Lebenslagen geduldige »Gesprächspartner«.*

Nach welchen Kriterien die treuen Freunde auserkoren werden, lässt sich aus Erwachsenensicht nicht immer nachvollziehen. Manchmal ist es das besonders anschmiegsame Material oder die richtige Kombination von Größe und Gewicht, um es sich beim Schlafen über die Augen zu legen, oder auch nur die angenehmen Nuckeleigenschaften eines Ohres, die den Ausschlag geben.

Da Kuscheltiere über längere Zeit intensiv dauerbeschmust werden, empfiehlt es sich, auf robuste Modelle aus schadstoffgeprüften Materialien zu achten. Kleinteile wie Augen und Nasen müssen so fest angenäht sein, dass sie sich nicht lösen und eingeatmet oder verschluckt werden können. Das gute Stück sollte waschbar sein – auch wenn der Waschvorgang die aus elterlicher Perspektive unappetitlichen charakteristischen Eigenschaften wie den typischen Geruch und die spezielle Haptik vernichtet, die der Nachwuchs so an ihm schätzt.

Besonders gewiefte Eltern beugen darüber hinaus dem Super-GAU vor und halten ein oder zwei weitere Exemplare des Lieblingsplüschtieres bereit, um im Falle des urplötzlichen Verschwindens sofort mit Klon-gleichem Ersatz aufwarten zu können. Dass der Verlust des geliebten Begleiters eine absolute Katastrophe darstellt, veranschaulichen gut 2.000 Suchanzeigen für verzweifelt vermisste Plüschkameraden allein auf der Seite www.kuscheltiersuche.de.

DER TOP-TIPP:

Tipp Nr. 44: Die Salami-Taktik

Kleine Hasenherzen fühlen sich mit großen Abenteuern oft überfordert und können sich besser »scheibchenweise« mit ihnen anfreunden. Schritt für Schritt erobert, ist das Risiko überschaubar und das Wagnis verliert seinen Schrecken. Zur sofortigen Belohnung für den überstandenen Nervenkitzel winkt ein riesiger Ego-Push.

Ohne eine große Hand über einen Baumstamm balancieren – »Auf gar keinen Fall!«? Vorsichtigen Kindern bietet man für den Anfang ein paar Schritte an der Hand an, dann machen sie einen einzigen winzigen Schritt allein, was gebührend gefeiert wird. Aus einem Schritt werden zwei und drei und schließlich ein ordentliches Stück gaaanz allein! Wow! Die Welt braucht euch, kleine Heldinnen und Helden!

»Allein einkaufen? Nie-mals!«?

Der clevere Vier-Stufen-Plan macht aus schüchternen Einkaufsmuffeln leidenschaftliche Shopaholics! Für erste Übungsgänge bieten sich kleine Geschäfte in der Nachbarschaft zu frequenzschwachen Zeiten an. Und: Je reizvoller das zu erstehende Produkt, desto leichter ist die Angst zu überwinden (»Wenn du ein Eis möchtest, kannst du dir gern eins kaufen!«).

In der ersten Runde ist Ihr Kind nur Begleitperson und stimmt lediglich in Ihr »Guten Tag!« beim Betreten des Geschäftes und in das »Auf Wiedersehen!« bei der Verabschiedung mit ein. In Stufe zwei gehen Sie wieder gemeinsam, und der kleine Einkäufer-Nachwuchs trägt zusätzlich zu Begrüßung und Verabschiedung seine Bestellung vor – es müssen beim ersten Mal ja nicht gleich »Drei Croissants und eine Laugenbrezel ohne Salz, bitte« sein. Beim dritten Durchgang darf das Kind auch bezahlen, während Sie sich unauffällig im Hintergrund halten. Jetzt dürfte Ihr Nachwuchs bereit sein für Stufe vier: Sie warten draußen und das Kind geht ganz allein einkaufen. Anschließend darf die frohe Kunde von der großen Tat die Runde machen: Erzählen Sie ein paar Leuten scheinbar beiläufig, wie toll Ihr Kind gerade allein (!) eingekauft hat. Stolzgeschwellte Brust garantiert!

Tipp Nr. 45: Das Monster-Spray

Der schöpferischen Kraft kindlichen Vorstellungsvermögens entspringt eine Vielzahl kreativer Rollenspiele und facettenreicher Kuscheltier-Charaktere. In den ersonnenen Spielen bezwingt der Sohnemann als tapferer Ritter alle Gegner und das Fräulein Tochter erlebt als wunderschöne Prinzessin Abenteuer in einem Märchenschloss. Plüschtiere werden zu echten Kameraden und nehmen »aktiv« am Familienleben teil. Eine blühende Fantasie beschert aber auch unangenehme Erscheinungen wie Gespenster oder Monster.

Kinder tauchen tief in diese Fantasiewelten ein und erleben die Freude über das bestandene Abenteuer und den Trost durch ihr Kuscheltier sehr real. In gleicher Weise empfinden sie echte Angst vor Ungeheuern.

Monster kommen in allen Größen, Farben und Gesinnungen in kindliche Schlafgemächer und können die Nachtruhe und den Seelenfrieden (auch der Eltern!) nachhaltig stören. *Rationale Gesichtspunkte, die die Existenz der ungebeten Gäste aus Sicht eines logisch denkenden Erwachsenen zweifelsfrei widerlegen, sind in dieser Situation völlig fehl am Platze. Zeigen Sie Verständnis und besprechen Sie den ultimativen Schlachtplan im Kampf gegen die Störenfriede.* Dazu muss man zwei Dinge über den Feind wissen: Erstens sind Monster lichtscheues

Gesindel, das jegliche Beleuchtung hasst. Also ist die Einschaltung eines kleinen Nachtlichtes die erste Amtshandlung. Und zweitens haben diese Biester eine sehr empfindliche Nase. Deshalb braut man im heimischen Labor ein hochwirksames Spezialpräparat zusammen (wer Spaß daran hat, kann ein beeindruckendes Hexenküchen-Spektakel mit Lebensmittelfarbe und wilden Zutaten inszenieren), präsentiert einen umgelabelten Lufterfrischer als *das* Mittel der Wahl oder kauft eines der fertig abgefüllten »Anti-Monster-Sprays«.

Zur zuverlässigen Monsterabwehr wird »Monster weg« in einem Bannkreis um das Kinderbett gesprüht und, um ganz sicher zu gehen, noch eine Extraladung an Fenster und Türen. Die Wirkungsweise ist so simpel wie genial: Monster haben Angst vor dem Geruch und kommen daher gar nicht erst ins Zimmer.

Gute Nacht und monsterfreie Träume!

Tipp Nr. 46: Selbst ist das Kind

In der Übungsphase des aufrechten Ganges sind kleine Kinder und ihr unstillbarer Entdeckerdrang zwar zuckersüß, aber auch sehr anstrengend. Stehen sie erst einmal sicher auf den kurzen Beinchen, erscheint ein Lichtstreif am Horizont, ihre Energie lässt sich in konstruktive Bahnen lenken. Waren die

Zur zuverlässigen Monsterabwehr wird »Monster weg« in einem Bannkreis um das Kinderbett gesprüht und, um ganz sicher zu gehen, noch eine Extraladung an Fenster und Türen.

kleinen Wichte zuvor noch ständig auf elterliche Hilfe angewiesen, können sie nun schon kleine Aufgaben übernehmen und ihrerseits helfen: Die Einsatzgebiete sind vielfältig: einen schmutzigen Pulli in den Wäschekorb werfen, ein Kissen für Mama holen, Servietten an den Tisch bringen … Kaum haben Sie die Bitte um einen Botengang ausgesprochen, wackelt das Windelpaket auch schon begeistert los. Bitte würdigen Sie dies entsprechend wortreich und vor allem genießen Sie es in vollen Zügen – dieser Enthusiasmus wird bis zur Volljährigkeit voraussichtlich nicht durchgängig anhalten! *Sei die Handreichung auch noch so klein – das Kind ist stolz, einen wichtigen Auftrag erhalten und erfolgreich ausgeführt zu haben, und die Eltern freuen sich über die Unterstützung.*

Umfang und Schwierigkeitsgrad der erbetenen Dienstleistung können im Laufe der Zeit zunehmen, sodass Ihr Kind mit seinen Aufgaben wächst und Schritt für Schritt selbstständiger wird. Trauen Sie ihm ruhig etwas zu und loben Sie die große Hilfe überschwänglich! Ihr Vertrauen in seine Fähigkeiten signalisiert Ihrem Nachwuchs: »Du kannst das!« und stärkt so sein Selbstvertrauen, was vor allem für schüchterne Knirpse von großer Wichtigkeit ist. Wenn die Oma dann ungläubig fragt: »Papa hat mir erzählt, du kannst schon fast ganz allein den Tisch decken. Ist das wirklich wahr? Das ist ja toll! Was muss denn alles gemacht werden? Darf ich dir helfen?«, ist das ein echter Push für das Selbstbewusstsein.

Tipp Nr. 47: Der Messer-Führerschein

Früh übt sich, wer ein Meister werden will! Natürlich empfiehlt es sich nicht, Zweijährigen als Einsteiger-Werkzeug ein Sushi-Messer in die Hand zu drücken. Kleine Mitesser sollten sich für gewöhnlich sukzessive durch den Besteckkasten durcharbeiten: Wer sicher mit Löffel und Gabel hantiert, darf sich an einem Messer versuchen.

Zur schmerzfreien Einstimmung eignen sich Obst und Gemüse aus Holz mit Klettverschluss, der mit einem Holzmesser durchtrennt wird – übrigens ein absolutes Spielzeug-Highlight! Der Klettverschluss lässt sich am besten durch Sägen (nicht drücken) zerteilen, was ebenfalls eine gute Vorübung ist. Achten Sie bitte von Anfang an auf die korrekte Handhabung: Lassen Sie Ihr Kind beim Messer nur den Griff umfassen und nicht versehentlich in die Klinge greifen sowie immer genug Sicherheitsabstand zwischen Schnittkante und Finger halten.

Klappt diese Trockenübung, wird der kleine Lehrling befördert und bekommt in der Küche ein erstes echtes Schneidewerkzeug und einen wichtigen Auftrag in die Hand. Mit einem einfachen Besteckmesser lässt sich prima an Lebensmitteln üben, die sich mit der einen Hand leicht schneiden und mit der anderen gut festhalten lassen, wie zum Beispiel Bananen für den Obstquark oder Gurken für den Salat. Bei »Ausrutschern« ist nicht gleich der Finger ab, die Lektion aber gelernt.

Nach ein paar unfallfreien Übungseinheiten mit unterschiedlichen Lebensmitteln darf sich der Lehrling zur Messer-Führerschein-Prüfung mit einem »richtig scharfen« Schneidemesser anmelden. Die Prüfung besteht aus einem Theorie- und einem Praxisteil. Im theoretischen Teil müssen die Kandidaten die richtige Handhabung des Messers erklären und beschreiben, wie man Gefahren vermeidet. Wenn im darauf folgenden Praxistest das Können mit einem vorschriftsmäßig geschnittenen Gesellenstück unter Beweis gestellt wird, erhält der Prüfling den Messer-Führerschein und damit die Lizenz zum messerscharfen Schnitt.

Selbstgeschnippeltes wird übrigens mit besonderer Begeisterung verspeist!

Tipp Nr. 48: Die Mutprobe

Angst ist ein Urinstinkt und sicherte in grauer Vorzeit, als wir jagend und sammelnd unterwegs waren, unser Überleben. In bedrohlichen Situationen mobilisierte sie alle Kräfte und bereitete den Körper auf eine extreme Reaktion vor: entweder auf den aussichtsreichen Kampf oder auf die lebensrettende Flucht. Heutzutage laufen uns nur noch selten Säbelzahntiger über den Weg, aber genau wie früher müssen wir uns in Gefahrensituationen zwischen den beiden Optionen »Kampf« oder »Flucht« entscheiden. Ängstliche Kinder erleben ihre Furcht als sehr unangenehmes Gefühl, ihnen muss man die positiven Seiten der Angst nahebringen: Sie ist völlig natürlich und schützt uns, weil sie zur Vorsicht mahnt.

Wenn mückengroße Gefahren bei kleinen Leuten aber elefantöse Befürchtungen auslösen, übertreibt die Angst ihren Beschützerinstinkt und wird zum Hemmschuh.

Versuchen Sie zunächst herauszufinden, was genau der Auslöser für die Angst ist und wovor Ihr Kind sich im Einzelnen fürchtet. Also beispielsweise: Hast du vor allen Hunden Angst oder nur vor den großen? Ängstigen sie dich nur aus der Nähe oder schon von Weitem? Erschreckt dich das laute Gebell oder machst du dir Sorgen, dass der Hund auf dich zukommt, an dir hochspringt oder dich beißt? Allein durch die Auseinandersetzung mit dem furchteinflößenden Szenario lassen sich wichtige Informationen vermitteln, die den Panikpegel senken können. Zum Beispiel, dass ein Hund auch aus Freude bellt oder manchmal nur kläfft, um seine eigene Angst vor dem großen Menschenkind zu überspielen.

Ist der Problemkreis eingegrenzt, ermuntern Sie den furchtsamen Nachwuchs, dem Schreckgespenst in einer kleinen, wohldosierten Mutprobe ins Auge zu sehen. Wer Angst vor großen Hunden hat, läuft erst einmal an einem halbhohen Exemplar vorbei und lässt sich dann nach und nach auf die Riesenviecher ein. Wen die unmittelbare Nähe eines Vierbeiners die Flucht ergreifen lässt, der wagt sich mit jeder Mutprobe ein Stückchen näher heran.

Durch die Konfrontation mit der Besorgnis erregenden Situation erfährt das Kind, dass es seine Angst überwinden kann und übersteigerte Befürchtungen nicht eintreten. Diese positiven Erfahrungen wirken wie ein Befreiungsschlag und stärken das Selbstbewusstsein enorm: Man kann dabei zusehen, wie die kleinen Helden über sich hinauswachsen.

Tipp Nr. 49: Eltern sind auch nur Menschen

Eltern können alles, wissen alles und dürfen alles. Mama und Papa sind die Größten, die Besten, die Stärksten, die Schlauesten und die Tollsten. Sogar aus Sicht ihrer Kinder – zumindest eine ganze Zeit lang. Das ist die Belohnung für die anstrengenden ersten Lebensjahre der Nachkommenschaft, in denen Erzeuger das große Abenteuer »Zwerge entdecken die Welt« begleiten durften. Genießen Sie die unwiederbringliche Zeit, die wirklich so schnell vergeht, wie alle immer prophezeien, und erzählen Sie Ihren Kindern davon, wie es war, als Sie in diesem Alter waren. Oder lassen Sie die Großeltern die besten Storys zum Besten geben.

Als kleiner Knirps kann man sich nicht vorstellen, dass Mama es als kleines Mädchen manchmal nicht rechtzeitig zur Toilette geschafft hat, weil sie ihr Spiel nicht unterbrechen wollte und ihren geliebten Plüschhund Willi überallhin mitschleppte. Oder dass Papa auch Angst vor Gewitter hatte und einmal vor lauter Wut eine Fensterscheibe mit seinem Hockeyschläger zerschlagen hat. (Vorsicht: Hockeyschläger-Anekdoten oder andere unrühmliche Episoden werden Ihnen zu sämtlichen passenden und unpassenden Gelegenheiten wieder aufs Brot geschmiert!)

Durch die beliebten »Geschichten von früher« lernen Kinder neue Facetten Ihrer Eltern kennen und entdecken Parallelen zum eigenen Verhalten. Sie erfahren, dass selbst Helden wie Mama und Papa Schwächen und Ängste haben, und freunden sich dadurch mit den eigenen leichter an. Vielleicht übernehmen sie auch gleich eine Lösung, die bei den Eltern funktioniert hat?

Der Vater kann zum Beispiel erzählen, wie die Oma ihn beruhigte, wenn er sich als kleiner Junge vor dem lauten Donner fürchtete und Sorge hatte, dass der Blitz einschlagen könnte. »Oma hat mir erklärt, dass es nicht nur Sonne, Regen und Schnee gibt, sondern manchmal auch Gewitter. Das entsteht oft im Sommer, wenn die warme Luft in den Himmel steigt und mit der kalten Luft dort oben zusammenstößt. Dieser Zusammenstoß ist so stark, dass Blitze und ein lauter Knall, der Donner, entstehen. Und weil der Blitz unglaublich schnell ist – viel, viel schneller als eine Rakete und dreimal so schnell wie der Knall –, zeigt sich am Himmel erst der Blitz und danach hört man das Donnergrollen. Und weißt du, was Oma total gern mag? Wenn man während eines richtig großen Gewitters gewaltige Blitze und heftigen Donner sicher vom warmen Bett aus beobachten kann. Ich hatte früher immer Angst, wenn es gewitterte. Aber Oma war umso hingerissener, je heller es blitzte und je lauter es donnerte, dass sie mich mit ihrer Begeisterung ansteckte.«

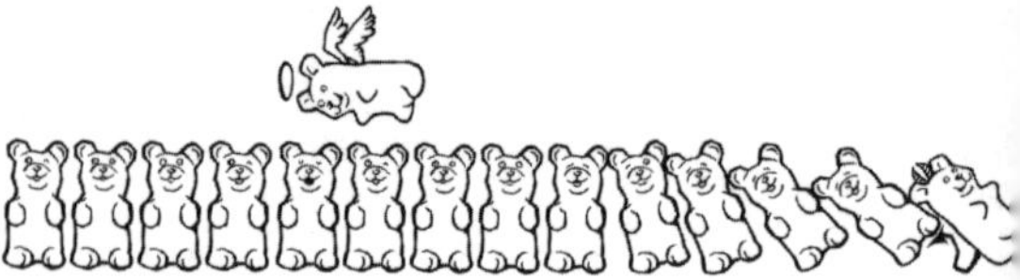

UNFALL & TROST

Der Weg in die große weite Welt hält für kleine Leute zahlreiche Stolpersteine bereit. Ihre unerschöpfliche Energie sorgt in Verbindung mit abenteuerlichem Entdeckergeist für eine nicht abreißende Serie von Stunts – »Gefahr« ist noch kein Bestandteil des übersichtlichen Wortschatzes. Von außerhäuslichen Örtlichkeiten und dem Straßenverkehr einmal ganz abgesehen, gibt es allen erdenklichen Präventivmaßnahmen zum Trotz noch nicht einmal den kindersicheren Haushalt! Treppen- und Herdschutzgitter, Steckdosen-, Schrank- und Schubladensicherungen sowie abschließbare Fenstergriffe verhindern zwar so einiges, sind aber dem Erfindungsreichtum neugieriger Knirpse nicht gewachsen. Das Trio aus Schutzengel, Mama und Papa wird nonstop auf Trab gehalten, um die Unversehrtheit des Schutzbefohlenen sicherzustellen. Es soll Kleinkinder geben, die »Beule« für einen Körperteil halten, weil sie blaue Flecken als ständiges Accessoire mit sich herumtragen. Ist Blut zu sehen, macht sich schnell Hysterie breit, wobei Platzwunden und Verletzungen im Mund oft dramatisch aussehen, es aber tatsächlich nicht sind. Erste elterliche Bürgerpflicht bei Unfällen jeglicher Art ist ohnehin Besonnenheit, denn an Ihrer Reaktion misst das Kind die Schwere der Verletzung. Wenn es Ihnen gelingt, zumindest nach außen hin nicht in Panik zu verfallen, beruhigt das auch die Nachkommenschaft.

In den allermeisten Fällen ist der Schreck Gott sei Dank die gravierendste Unfallfolge, sodass Eltern nur die Verabreichung eines attraktiven Trostpflasters obliegt. Hier die besten »Heile-heile-Segen«-Vorschläge:

Tipp Nr. 50: Da fliegt's Aua!

Zugegeben: Es macht einen etwas merkwürdigen Eindruck, wenn erwachsene Menschen im Vollbesitz ihrer geistigen Kräfte unvermittelt den Zeigefinger gen Himmel strecken, um auf durch die Luft fliegende »Auas« hinzuweisen. Um noch einen Schritt weiter zu gehen, könnte man die aus philosophischer Sicht durchaus interessante Frage stellen, ob »Auas« überhaupt fliegen können. Und da sind Sie auch schon dem Geheimnis dieser wunderbaren Methode auf der Spur! Der Überraschungseffekt und die Faszination des Ungewöhnlichen lassen Schreck und Schmerz nach kleinen Unfällen rasch vergehen. Wenn die Neugier siegt, kann das Leid so groß nicht sein. Schulkindern muss man damit zugegebenermaßen nicht mehr kommen, aber Kleineren hilft das fantastische Flugobjekt zuverlässig über ihren Jammer hinweg.

Bevor Sie das Ablenkungsmanöver starten, widmen Sie sich bitte eingehend dem Verunfallten und schenken seiner Blessur Ihre ungeteilte Aufmerksamkeit. *Nach eingehender Besichtigung der Verwundung wird dem kleinen Patienten auf Mamas Schoß die tröstliche Erstversorgung zuteil. Will der*

Tränenfluss nicht versiegen, kommt das »fliegende Aua« ins Spiel. Man zeigt abrupt in die Luft und ruft erstaunt: »Siiiieh mal, da fliegt das Aua!« Mit an Sicherheit grenzender Wahrscheinlichkeit wird das Kind Ihrem Fingerzeig gebannt folgen, um das Aua zu entdecken. So schnell, wie das »fliegende Aua« zum Fenster hinaus verschwunden ist, ist auch der Schmerz vergessen.

DER TOP-TIPP:
Tipp Nr. 51: Der Körperteile-Notdienst

Telefonstreiche, in denen Angerufene mit verstellter Stimme auf den Arm genommen werden, leben von ihrer Situationskomik und erfreuen sich als Unterhaltungsklassiker großer Beliebtheit. Leicht variiert bringen Sie mit diesem Telefonscherz auch Ihre Kinder nach Bagatellunfällen wieder zum Lachen. Natürlich beginnen Sie nicht gleich pietätlos zu scherzen, wenn das arme Töchterchen oder der bemitleidenswerte Sohn sich auf die Nase gelegt haben. Zunächst klären Sie natürlich fürsorglicherdings, ob Ihrem Schatz auch nichts Schlimmes passiert ist, und zollen der »Verletzung« die nötige Aufmerksamkeit. Ist der erste Schreck verflogen und der Patient zwar auf dem Wege der Besserung, aber noch nicht wieder bei Laune, alarmieren Sie den Körperteile-Notdienst:

Mit einem bestürzten »Oh, mein Gott - das sieht ja gar nicht gut aus, wir brauchen einen neuen Fuß! Da muss ich gleich den Körperteile-Notdienst anrufen« wirft man einen entsetzten Blick auf das verunfallte Kind, greift beherzt zum Telefon und wählt die imaginäre Notrufnummer.

»Guten Tag, mein Name ist Becker. Spreche ich mit dem Körperteile-Notdienst? Wir haben hier einen Schwerverletzten und benötigen dringend einen neuen Fuß. Bitte schicken Sie schnell den Krankenwagen mit einem linken Fuß für einen vierjährigen Jungen! ... WAS? Sie haben gar keine passenden Füße vorrätig? Die Lieferzeit beträgt tatsächlich zwei Wochen? Das ist schlecht. Nein, das geht wirklich nicht. Was machen wir denn da? Nur ein rechter Fuß oder ein linker für ein zweijähriges Mädchen? Einen Augenblick bitte ... Hast du gehört, mein Schatz? Willst du einen rechten Fuß oder sollen wir den linken für ein zweijähriges Mädchen nehmen? Sonst müssen wir zwei Wochen warten, weil keine linken Jungsfüße für Vierjährige vorrätig sind!«

Spätestens gegen Ende des fiktiven Gesprächs wird sich der Patient lautstark dazu entschlossen haben, den lädierten Körperteil zu behalten und tapfer mit der Verletzung zu leben. Wer will schon mit zwei rechten Füßen durch die Welt laufen oder als Junge mit dem viel zu kleinen Fuß für ein Mädchen?! Womöglich noch mit rosa Nagellack – nicht aus-zu-denken ...

Wer will schon mit zwei rechten Füßen durch die Welt laufen oder als Junge mit dem viel zu kleinen Fuß für ein Mädchen?!

Tipp Nr. 52: Die Spezialmedizin

Ungezählte Male suchen Kinder bis zur Volljährigkeit Trost in Mamas Armen und auf Papas Schoß. Einige Dutzend Beulen, Schrammen und Wunden werden stets aufs Neue fürsorglich begutachtet und liebevoll vertrostpflastert. Angefangen bei Halsschmerzen, über Kopfweh bis hin zu Bauchzwacken therapiert Dr. Mom die ganze Palette der klassischen Wehwehchen vom Scheitel bis zur Sohle routiniert und zuverlässig.

Der tröstende Zuspruch, den kleine Patienten bei Kummer und Schmerz von den Eltern erfahren, trägt ebenso zur Genesung bei wie das Ritual der Heilbehandlung. Nach dem allgemeinen Ersttrost und der eingehenden Diagnose erfolgt die Durchführung der bewährten Behandlung. Bei Beulen gibt's ein Kühlpack, bei Schrammen ein Pflaster, bei Bauchweh ein warmes Kirschkernkissen oder einen Bauchweh-Tee und so weiter.

Sind die Schmerzen besonders stark, stellt »Frau Doktor« noch ein Rezept für einen Spezial-Verband oder Spezialsalbe aus. Ein mit großer Geste angelegter Verband oder die mit wichtiger Miene äußerst sorgfältig einmassierte Salbe werden ihre schmerzlindernde Wirkung nicht verfehlen. Weisen Sie unbedingt noch einmal explizit auf die besonderen Eigenschaften der Creme hin: »Das ist eine sehr gute Salbe gegen XYZ, davon darf man nur ganz wenig nehmen … und? Spürst du schon, wie sie wirkt?«

Der Placebo-Effekt der Spezialmedizin ist übrigens keine eingebildete Heilung, sondern eine objektiv nachvollziehbare Verbesserung der körperlichen Befindlichkeit. Obwohl das verabreichte »Medikament« keine relevanten Arzneimittelbestandteile enthält, die die Ursache der Beschwerden wirksam bekämpfen könnten, tritt die heilende Wirkung ein. In Verbindung mit der liebevollen Behandlung sorgt die Erfahrung, dass durch Dr. Mamas Behandlung gewöhnlich Linderung eintritt, ähnlich wie bei einer selbsterfüllenden Prophezeiung für eine baldige Genesung!

Tipp Nr. 53: Her mit dem Euro!

Ins Kino haben Sie es schon lange nicht mehr geschafft, das Fernsehprogramm lässt zu wünschen übrig und für erbauliche Lektüre sind die Nächte zu kurz. Wie wäre es zur Abwechslung einmal mit »Absurdem Theater«? Manchmal erzielt man mit einer richtig irrwitzigen Methode große Erfolge und macht so aus einem harmlosen Stunt der Brut ein Unterhaltungsprogramm der besonderen Art.

Schwingen Sie sich spontan zum Regisseur des Stückes »Her mit dem Euro!« auf, wenn sich Ihr Dreikäsehoch auf die Nase gelegt hat und nichts passiert ist, er sich aber gerade überlegt, zu heulen anzufangen. Zu Boden geht man immer mal wieder, meistens aber nicht aus freien Stücken. Das Drehbuch sieht nun vor, dass Sie so tun, als habe sich Ihr Kind nach einer auf dem Boden liegenden Münze gebückt. Ein Euro ist der nicht zu verachtende Gegenwert von einem Überraschungsei, zehn sauren Zungen oder einem Eis und damit Grund genug, sich einmal schnell zu strecken.

So könnte der Dialog aussehen:

Kind (geht zu Boden und erwägt loszuheulen)

Rabenmutter: »Her mit dem Euro!«

Kind (abgelenkt, rappelt sich auf)

Rabenmutter: »Heeer mit dem Euro!«

Kind (ärgerlich): »Ich hab keinen gefunden.«

Rabenmutter: »Was kaufst du davon? Lädst du mich ein?«

Kind (wütend): »ICH HAB KEINEN GEFUNDEN!«

Rabenmutter: »Warum schmeißt du dich dann hin?«

Kind (sprachlos): »?!«

Tipp Nr. 54: Bange machen gilt nicht

Jedes Kind geht unvoreingenommen zum Arzt, solange es keine schlechten Erfahrungen gemacht hat oder von den Eltern, die unangenehme Erlebnisse beim Medizinmann hatten, Angst vor dem Arzttermin vermittelt bekommt. Weit verbreitet ist die wohlmeinende Ankündigung »Es tut auch gar nicht weh!«, die fälschlicherweise suggeriert, dass bei einem Arztbesuch gewöhnlich Schmerzen zu erwarten sind. Eltern sollten ihre Angst nicht auf das Kind übertragen und eine positive oder zumindest neutrale Einstellung vertreten.

Das heißt auf der anderen Seite natürlich nicht, dass notwendige Behandlungen, die schmerzhaft sind, beschönigt werden sollten oder bei einer bevorstehenden Impfung der Piks verschwiegen wird. *Ohne zu dramatisieren oder herunterzuspielen, erläutert man dem Kind am besten, welche Behandlung vorgenommen wird und warum sie wichtig ist.* Also z. B. »Heute gehen wir zur Vorsorgeuntersuchung, bei der Frau Dr. Meier sich deine Zunge ansieht, dein Herz abhört und auf dein Knie klopft, um zu prüfen, ob du gesund bist« oder »Heute haben wir einen Impftermin bei Herrn Dr. Müller. Da bekommst du eine kleine Spritze, damit du nicht krank wirst«. Die meisten Kinderärzte halten ohnehin eine Kleinigkeit als Belohnung bereit, die den Piks schnell vergessen macht.

Es spricht ja auch nichts dagegen, nach dem Arztbesuch ein Eis essen zu gehen oder am Kiosk ein paar Gummibärchen zu kaufen …

Tipp Nr. 55: Dr. Baktus

Kinder sind bei einem speziellen Kinderzahnarzt besser aufgehoben als bei einem »normalen« Zahnarzt. Der Zahnarzt für »große Leute« mag ein fachlich sehr kompetenter und einfühlsamer Mediziner sein, er ist aber auf ein anderes Klientel eingestellt und seine Praxis ist nicht kindgerecht konzipiert.

Wenn man noch nie eine Kinderzahnarztpraxis besucht hat, kann man sich die erheblichen Unterschiede oft nicht recht vorstellen und unterschätzt deren Wirkung.

Angefangen bei der Farbgestaltung, die ein fröhlich buntes Ambiente schafft, über die kindgerechte Einrichtung (z. B. Kindergarderobe und Tritthocker am Waschbecken auf der Toilette) bis hin zu den behandlungsunterstützenden Sonderausstattungen (Fernseher an der Decke über dem Behandlungsstuhl, eine Puppe mit Riesenzahnbürste zur Demonstration der richtigen Putztechnik oder Ähnliches) ist alles auf kleine Patienten zugeschnitten. Die Mitarbeiterinnen und Mitarbeiter sind im Umgang mit Kindern versiert und stellen sich in Ansprache, Vokabular und Behandlungstechnik auf sie ein. Da kommt zum Beispiel der Staubsauger im Mund zum Einsatz oder der Backenzahn muss duschen ... Wenn zum Abschluss der Behandlung neben dem dicken Lob (»Du hast aber toll mitgemacht!«) noch eine kleine Belohnung winkt (eine Tapferkeitsmedaille oder die Münze für den Automaten mit den kleinen Überraschungen), bleibt der Zahnarztbesuch garantiert in guter Erinnerung.

Tipp Nr. 56: Die Trockenübung

Bevor es zur Sache geht und Ihr Kind einen »richtigen« Termin beim Arzt hat, empfiehlt sich bei vorsichtigen kleinen Patienten ein Termin als Beisitzer oder die Trockenübung.

Steht bei Ihnen ein unverfänglicher Arztbesuch an (zum Beispiel die Zahnreinigung), nehmen Sie den Sprössling als Zuschauer mit. So kann er als unbeteiligter Gast Praxisluft schnuppern und sehen, dass nichts Beunruhigendes passiert. Mama oder Papa lassen die Untersuchung gelassen über sich ergehen und offensichtlich gibt es keinerlei Anlass zur Besorgnis. Wenn Sie allerdings selbst ein Angsthase sind, der mit zitternden Knien über die Praxisschwelle tritt und beim Gedanken an eine Spritze in Ohnmacht fällt, verzichten Sie besser auf diese Übung. Vielleicht können Oma oder Opa einspringen?

Eine andere Variante ist die Trockenübung, bei der keine eigentliche Behandlung stattfindet, sondern nur ein kleiner Gesundheits-Check. Beim Zahnarzt darf Ihr Kind auf dem Untersuchungsstuhl probesitzen und den Mund öffnen, in den der Arzt mit

seiner Taschenlampe leuchtet, um alle Zähne zu be-
sichtigen. Vielleicht erlaubt er sogar, einmal auf den
Knopf zu drücken, der das Glas mit Wasser füllt,
oder mit der Munddusche Wasser ins Becken zu
spritzen?

Tipp Nr. 57: Der Feuerteufel

In der Zeit, als der *Struwwelpeter* zu den pädago-
gischen Standardwerken gehörte, sollte die Volks-
weisheit »Messer, Gabel, Scher' und Licht – sind
für kleine Kinder nicht!« Kinder in eingängiger
Reimform vermitteln, besser die Finger von gefährlichen Gerätschaften, insbesondere aber von Feuer
zu lassen. Offenes Feuer ist heute selten, aber Verbrennungen mit heißen Flüssigkeiten, die vom Herd
oder Tisch gezogen werden, stellen bei Kindern eine
der häufigsten Verletzungsursachen dar. Ein Herdschutzgitter verhindert die schlimmsten Unfälle
und gehört damit zur Erstausstattung einer kindersicheren Küche.

*Vermitteln Sie Ihrem Nachwuchs den nötigen
Respekt vor der heißen Herdplatte, indem Sie die
Gefahr anschaulich demonstrieren.* Schalten Sie gemeinsam ein Kochfeld ein und probieren dann aus,
wie nah die Hand der Platte schmerzfrei kommen
kann. Sie führen zunächst nur Ihre eigene Hand
von oben immer weiter in Richtung Herdplatte und

kommentieren den Weg: »Hier oben spürt man die Hitze noch nicht ... ab hier wird es langsam warm und immer wärmer ... ah, hier ist es heiß, autsch!« Dann fordern Sie Ihr Kind zum Selbstversuch auf und führen seine Hand, damit es die Hitzeentwicklung am eigenen Leib spürt, sich aber nicht verbrennt.

Einige kleine Probanden werden ihre Teilnahme an dem Experiment verweigern, was aber (zumindest vorläufig) als Erfolg zu verbuchen ist. Völlig unerschrockene Testpersonen beeindruckt das Ganze überhaupt nicht, sie müssen sich erst selbst die Finger verbrennen, bevor die Warnung »Vorsicht: heiß!« zieht.

Während bereits Kleinkinder rasch begreifen, dass man vom Herd besser die Finger lässt, üben offene Flammen eine starke Faszination aus und die von ihnen ausgehende Gefahr übersteigt ihr Vorstellungsvermögen. Deshalb haben kleine Leute nicht zu zündeln, sie dürfen Feuerzeuge und Zündhölzer gar nicht erst in die Finger bekommen. Sie glauben, Ihr kleiner Schatz kann noch nicht zündeln? Bitte wiegen Sie sich nicht in Sicherheit – kleine Feuerteufel haben mit unerwarteten feinmotorischen Entwicklungssprüngen schon ganze Einfamilienhäuser abgefackelt. Wie schnell Feuer sich ausbreitet, kann der Papa gern einmal demonstrieren, indem er – bitte über der mit Wasser gefüllten Spüle oder einem großen Topf! – eine Papierserviette anzündet. Die

Geschwindigkeit, mit der das Papiertuch abfackelt, wird den Kindern Respekt einflößen und den Vater überraschen. Gut, dass das Löschwasser bereitsteht!

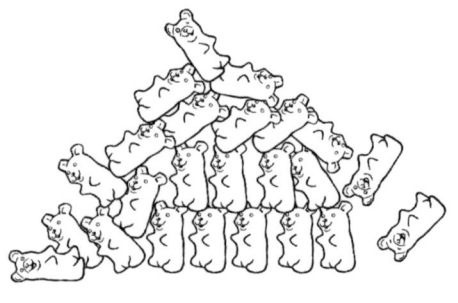

8. KAPITEL

TEILEN &
GESCHWISTER

DIE TIPPS:

8. Das Baby-Diplom
59. Die Morgengabe
60. Baby-Tours
61. Die Stillkiste
62. Sekundengenaue Gerechtigkeit
63. Das Los entscheidet
64. Der TOP-TIPP:
    Einer teilt, der andere sucht aus

Der Windelzwerg hat unter großen Anstrengungen einen Hocker erklommen und thront stolz in luftiger Höhe. Durch den Jüngeren auf die Idee gebracht, möchte der große Bruder es ihm gleichtun. Freiwillig macht der Kleine dummerweise natürlich nicht Platz, also wird ein wenig »nachgeholfen«. Oops! Wütendes Geschrei des Zweitgeborenen ruft Mama auf den Plan: »Was macht ihr denn da?« Der Große: »Ich will auf den Hocker!« Die Mutter: »Da ist dein Bruder jetzt aber drauf!« Der Große zuckersüß: »Darf ich da rauf, wenn er runtergefallen ist?«

Wer Geschwister hat, geht ohne Zweifel durch eine harte Schule und lernt fürs Leben. Erstgeborene müssen sich mit der Geburt eines Geschwisterkindes daran gewöhnen, ab sofort alles zu teilen. Angefangen beim Spielzeug, über das Kinderzimmer bis hin zur Aufmerksamkeit der Eltern. Dass geteilte Schokolade zwar halbe Schokolade, geteilte Freude dafür aber auch doppelte Freude ist, erschließt sich Kindern nicht immer spontan. Wobei die Freude sich ohnehin nur dann verdoppeln kann, wenn wirklich auf den Nanometer genau geteilt wird. Ist das nicht hundertprozentig gewährleistet, gehen kleine Gerechtigkeitsfanatiker auf die Barrikaden. Für jüngere Kinder ist Teilen normal, weil sie es nicht anders kennen. Dafür müssen sie lernen, sich gegen die Großen durchzusetzen, die im Zweifel stärker sind. Das macht erfinderisch!

Trotz aller Machtkämpfchen und Eifersüchteleien wissen Geschwister sehr genau, was sie aneinander haben. Es ist immer jemand zum Spielen (oder Ärgern) da und gegen die Eltern kann man sich zur Not auch mit dem gemeinen großen Bruder oder der nervigen kleinen Schwester verbünden.

Eltern können das friedliche Miteinander ihrer Kinder mit ein paar cleveren Präventivmaßnahmen unterstützen und im Zweifel auch noch deeskalierend eingreifen:

Tipp Nr. 58: Das Baby-Diplom

Zur seelischen Vorbereitung auf Familienzuwachs gibt es für Erstgeborene umfangreiche pädagogisch wertvolle Literatur, die sämtliche Facetten des bevorstehenden Ereignisses kindgerecht beleuchtet. Wahlweise beginnend bei den berühmten Bienchen und Blümchen oder erst bei Mamas dickem Bauch einsetzend, erfährt das Kind alles Wissenswerte bis zur Ankunft des kleinen Neuankömmlings. Damit wäre zumindest der theoretische Background schon einmal gegeben. *Tatkräftige Unterstützung bei der Einstimmung auf die Praxis leisten von Kranken- oder Geburtshäusern angebotene Geschwisterkurse.*

Hier lernen angehende große Brüder und Schwestern unter professioneller Anleitung alles über die Bedürfnisse von Neugeborenen und deren richtige »Handhabung«. An Leihbabys (kleiner Scherz am Rande) üben sie, wie man ein Baby am besten wickelt, füttert und badet. Die Babypuppe lässt stundenlange Wickelversuche mit stoischer Gelassenheit über sich ergehen, nimmt den liebevollen Würgegriff beim Übungsbaden nicht krumm und übersteht sogar diverse Stürze unbeschadet. Die zum Abschluss überreichte Urkunde bescheinigt die erfolgreiche Kursteilnahme und zeichnet stolze Babyflüsterer aus.

Mit diplomierten Geschwistern erspart man dem neuen Baby die allerersten unbeholfenen Trockenübungen und den Eltern die damit einhergehenden Herzinfarkte. Außerdem verhindert man gleichzeitig klassische Eifersüchteleien auf das neue Familienmitglied, weil die großen Geschwister von Anfang an in die Babypflege eingebunden werden und sich als fachkundige Helfer tatsächlich nützlich machen können.

Tipp Nr. 59: Die Morgengabe

Versetzen Sie sich einmal in die Lage Ihres Kindes und stellen Sie sich vor, wie es die Schwangerschaft erlebt. Mamas Bauch wird immer dicker und manchmal kann man tatsächlich fühlen und sehen, dass sich darin etwas bewegt. Dass aus dem Bauch ein richtiges Baby herauskommt, ist schon für einen Erwachsenen ein Wunder, für ein kleines Kind allerdings kaum vorstellbar. Umso größer ist natürlich die Neugier, wenn das Baby endlich da ist und zum ersten Mal besichtigt werden kann. Nehmen Sie sich für die Vorbereitung dieses einmaligen Moments etwas Zeit, um den Grundstein für ein harmonisches Geschwisterleben zu legen. Für eine gelungene Premiere sollten beide Kinder satt und ausgeschlafen sein und die Gelegenheit bekommen, einander in Ruhe zu beschnuppern. Das ältere Kind steht dabei im Vordergrund und darf zunächst die Glückwünsche der Eltern entgegennehmen: »Herzlichen Glückwunsch zu deinem kleinen Bruder! Du warst auch einmal so klein – kannst du dir das vorstellen? Und jetzt bist du schon eine große Schwester.« Wenn Ihre Tochter möchte, bauen Sie ein kleines Nest und lassen Sie sie »ihr« Baby auf dem Schoß halten, um sich vom kleinen Geschwisterchen ausgiebig bewundern zu lassen.

Überrascht das Baby seine große Schwester bei der ersten Begegnung dann auch gleich noch mit einem Geschenk, ist der Einstand ins Geschwisterleben perfekt. Sie wissen ja: Es gibt keine zweite Chance für den ersten Eindruck und auch bei der Familienerweiterung erhalten kleine Geschenke die Freundschaft.

Tipp Nr. 60: Baby-Tours

Das Baby, das Baby, das Baby! Ein kleiner rosiger Prachtköttel mag ja ganz niedlich sein, aber soooo interessant nun auch wieder nicht! Wenn man bisher als einziger Knirps im Haus bei der Ankunft von Gästen fest mit einer angemessenen Portion Aufmerksamkeit rechnen konnte, möchte man wegen des neuen Familienmitgliedes natürlich nicht auf einmal völlig abgemeldet sein.

Damit größere Geschwister sich vor allem während des fortwährenden »Baby-Sightseeings« der ersten Wochen nicht so leicht zurückgesetzt fühlen, können Mama und Papa sie zum Touristenführer der »Baby-Tours« ernennen. Briefen Sie Besucher unauffällig, sodass der große Bruder oder die große Schwester vor der Babybesichtigung zuerst gebührend begrüßt und zur neuen Rolle als große Geschwister beglückwünscht werden. Erst danach ist die Frage nach dem Baby gestattet. Wo es denn ist, was es gerade macht und ob man es einmal anschauen darf? Kann es schon Fahrrad fahren oder nur schmatzen und in die Windel donnern? Dann hat es aber wenigstens ein paar Zähne – oder waren die etwa nicht im Lieferumfang enthalten?!

Gäste erscheinen zum Antrittsbesuch nicht mit leeren Händen, sondern überschütten den neuen Erdenbürger mit großzügigen Willkommensgeschenken. Diesem schönen Brauch können ältere Geschwister verständlicherweise nur dann etwas abgewinnen, wenn sie ebenfalls mit einer Kleinigkeit bedacht werden. Denn im Gegensatz zum Säugling, der von der Geschenkeflut gar nichts mitbekommt,

*Damit größere Geschwister sich nicht so leicht
zurückgesetzt fühlen, können Mama und Papa sie zum
Touristenführer der »Baby-Tours« ernennen.*

registrieren die Größeren sehr wohl, wie sehr Babys Gabentisch sich biegt.

Halten Sie für den Fall, dass Baby-Besucher nicht an die Geschwister gedacht haben, einen Vorrat mit kleinen Überraschungsgeschenken bereit. Heißbegehrte Kleinigkeiten wie ein Töpfchen Knete, Flummis, Seifenblasen oder Aufkleber verhindern Eifersuchtsszenen und halten zuverlässig die Stimmung Ihrer Ältesten hoch.

Tipp Nr. 61: Die Stillkiste

Die Zeit zwischen zwei Fütterungen ist in den ersten Wochen grotesk kurz. Man hat den Eindruck, doch gerade eben erst gestillt zu haben, und schon kräht der Däumling erneut nach einer Brustmahlzeit. Da können auch größere Geschwister schnell den Eindruck bekommen, das Baby sei an der Mama festgewachsen und für sie bliebe keine Zeit. Vor allem haben sie blitzschnell heraus, dass selbst routiniert stillende Mütter mit angedocktem Säugling begrenzt reaktionsschnell und maximal verhandlungsbereit sind, wenn die große Tochter oder der große Sohn sich während der Stillzeit Dummheiten einfallen lassen oder Sonderwünsche äußern.

Um das Bedürfnis des älteren Kindes nach Aufmerksamkeit und das Recht des Babys auf eine ruhige Mahlzeit geschickt unter einen Hut zu bringen, kann eine »Stillkiste« gefüllt mit Büchern, besonderen Mal- oder Bastelunterlagen und Puzzles sehr gute Dienste leisten. Die Stillkiste darf nur während des Stillens von den großen Geschwistern geöffnet und der Inhalt auch nur dann bespielt werden. So kommt Mama dazu, mit ihrem großen Kind zu puzzeln, zu basteln oder ihm vorzulesen und das Kleine trinkt derweil in Ruhe.

In der Kiste lassen sich übrigens auch Geschichten verstecken, wenn man die Stillzeit weniger aktiv gestalten möchte. Dazu legen Sie entweder Symbole für Geschichten von früher in die Stillkiste (zum Beispiel einen Löffel für die Geschichte, als Sie selbst klein waren und unbedingt allein mit dem Löffel essen wollten, sich das Meiste aber ins Gesicht geschmiert und nicht in den Mund gesteckt haben) oder Ihr Kind sucht sich einen Begriff aus, der in der Geschichte vorkommen muss. Machen Sie sich nicht zu viele Gedanken um Wortwahl und Plot – Ihre Geschichte ist allein deshalb von besonderer Unterhaltungsqualität, weil Sie sie exklusiv für einen einzelnen Zuhörer erzählen.

Das ist Multitasking at it's best!

Tipp Nr. 62: Sekundengenaue Gerechtigkeit

Gerechtigkeit ist ein großes Wort und ein weites Feld. In Familien mit mehr als einem Kind ist absolute

Gleichbehandlung aller Abkömmlinge die oberste Maxime, um eifersuchtsgetriebene Streitigkeiten zwischen den Geschwistern zu vermeiden. Aus der ihnen zugedachten Menge an Gemüse, Süßkram und Spielspaß leiten Kinder gern den Grad der Elternliebe ab. Verlieren Sie keine Zeit mit Ausführungen über nicht vorhandene Zusammenhänge zwischen Zuteilungen und elterlicher Zuneigung und die Unendlichkeit von Elternliebe. Es empfiehlt sich, lieber gleich mit transparenten Aufteilungsmethoden zur Tat zu schreiten und Fakten zu schaffen.

In Gramm oder Stückzahl Messbares wie Grünzeug und Gummibärchen lässt sich problemlos und nachvollziehbar gerecht verteilen. Jeder bekommt zwei Löffel Spinat (das geht zur Not auch ohne Briefwaage) oder fünf Gummibärchen – vorzugsweise in der gleichen Farbzusammenstellung, wenn man auf der sicheren Seite sein will.

Aber auch Spielspaß ist notfalls zu quantifizieren und damit redlich teilbar. Streit um Spielzeug entbrennt vornehmlich um Gegenstände, die lediglich einmal im Haushalt vorhanden sind und für die sich zudem das Geschwisterkind gerade interessiert. Das einzige Schaukelpferd kann wochenlang ein unbespieltes Dasein gefristet haben, bevor es urplötzlich zum Objekt allseitiger Begierde avanciert. Gefragt ist weniger das Spielzeug selbst als der Spaß, den das Geschwisterkind damit zu haben scheint und den man selbst gern hätte. Wenn nicht zu zweit geschaukelt werden kann, muss man sich eben abwechseln. Sie ahnen es bestimmt: KEIN anderes Spielzeug ist in diesem Moment ähnlich attraktiv – sonst stünde das ja im Focus der Aufmerksamkeit und nicht das ganz offensichtlich viel interessantere Schaukelpferd.

Aaaalso: »Immer abwechselnd, jeder fünf Minuten!« Das klingt nach einer ebenso einfachen wie vernünftigen Lösung. Zumindest wenn eine objektiv korrekte Zeitspannenkontrolle gewährleistet ist. Ansonsten birgt das subjektive Zeitempfinden Diskussionspotenzial: Während selbst gespielte fünf Minuten wie im Flug vergehen, dauern faktische 300 Sekunden gefühlte Ewigkeiten, wenn die anderen an der Reihe sind.

Um die gewünschte Zeitspanne unzweifelhaft und unparteiisch zu messen, bringen Sie die Eieruhr zum Einsatz. Ihre bestechende Qualität liegt in der anerkanntermaßen sekundengenauen Gerechtigkeit. Und schon haben Sie die Kinder wieder wunderbar »geschaukelt«!

Tipp Nr. 63: Das Los entscheidet

Wenn es bei Ihnen ab und zu ohnehin wie auf dem Rummelplatz zugeht, können Sie zu gegebenem Anlass auch einmal eine familieneigene Losbude eröffnen. Anstelle von grotesken Plüschtieren in

schreienden Farben und Schlüsselanhänger-Aus-
schussware werden kleine Aufgaben verlost, für die
sich spontan einmal wieder keine Freiwilligen finden.
Interessant wird die Teilnahme an der Tombola durch
die Beimischung von Jokern, die den Gewinner
von der Arbeit freistellen. Sind genauso viele Joker
wie Nieten im Spiel, kommt man rein rechnerisch
mit fünfzigprozentiger Wahrscheinlichkeit untätig
davon, wenn man als Einzelkind mit einem Elternteil
oder als Geschwisterkind mit Bruder oder Schwester
lost. Da lohnt es sich zu zocken!

Zu den klassischen unliebsamen Tätigkeiten gehören zum Beispiel Müll raustragen, Tisch decken
oder Getränke aus dem Keller holen. Die Liste ist
nach Gutdünken und Alter der Kinder erweiterbar.
Wenn Sie möchten, können Sie bei der Gelegenheit
auch gleich noch ein wenig Aufklärungsarbeit leisten
und das beliebte Abwehrargument »Dazu habe ich
jetzt aber gar keine Lust« entkräften. Erstens wecken
diese Erledigungen bei niemandem Begeisterung
und zweitens kann man auch ganz hervorragend
den Müll hinaustragen, ohne dabei Lust zu haben.
Das aber nur so nebenbei.

*Für einen authentischen Auftritt reichen Lose
aus einfachen mit den verschiedenen Aufgaben be-
schrifteten Zettelchen, die mit der marktschreierischen
Ansage: »Mitspielen, Spaß haben, dabei sein. Nur wer
mitspielt, kann gewinnen!« aus einer beliebigen Los-
trommel gezogen werden.*

Eine Barauszahlung der Gewinne ist nicht möglich, der Rechtsweg ausgeschlossen. Und natürlich darf an dieser Stelle der Verweis auf die Warnung der Bundeszentrale für gesundheitliche Aufklärung nicht fehlen: Glücksspiel kann süchtig machen. Müllentsorgung eher nicht. Leider!

DER TOP-TIPP:
Tipp Nr. 64: Einer teilt, der andere sucht aus

Eine unübertroffen witzige Episode über die Schwierigkeit gerechten Teilens erzählt Loriot in seinem Sketch *Der Kosakenzipfel*. Die Herren Hoppenstedt und Pröhl kommen anlässlich eines gemeinsamen Abendessens in einem Nobelrestaurant überein, sich das von beiden begehrte Dessert zu teilen, da es nur noch einmal bestellt werden kann: den legendären Kosakenzipfel. Zunächst tut man noch höflich, doch recht schnell entbrennt ein Streit darüber, wer sich die größere Hälfte des geteilten Desserts einverleibt hat. Schließlich gibt ein Wort das andere: »ICH hätte das kleinere Stück genommen!«, beschwert sich der eine. »DAS haben Sie jetzt ja auch!«, entgegnet der andere. Dabei hätte das Problem zur allseitigen Zufriedenheit ganz einfach gelöst werden können.

»Einer teilt, der andere sucht aus« lautet der salomonische Top-Tipp zum Thema. ***Während einer*** *der Beteiligten die Aufteilung übernimmt, darf der andere eine der Hälften aussuchen.* Derjenige, der die Teilung vornehmen darf, wird sich seiner Aufgabe mit akribischer Gewissenhaftigkeit widmen, um nicht den Kürzeren zu ziehen – egal, welchen Teil der andere aussuchen sollte. Wer wählen darf, hat ebenfalls keinen Grund zur Klage, da er den Vorteil der Auswahl hat. Oder die Qual der Wahl – wie man es nimmt.

Diese Methode bewährt sich übrigens nicht nur im Kleinen. Sie hat es als fester Bestandteil des sogenannten »Harvard-Verhandlungsprinzips« sogar zu wissenschaftlichem Ruhm gebracht. Der Harvard-Ansatz verlangt die Bereitschaft aller Beteiligten zu fairem Teilen, um in Konfliktsituationen eine friedliche Einigung und konstruktive Lösung zu erreichen.

So ein akademischer Teilungsvorgang will in Ruhe durchgeführt werden. Kalkulieren Sie dafür bitte eine gehörige Portion Zeit ein …

HALLO KIND

9. KAPITEL

WUTANFÄLLE

DIE TIPPS:

Die Königsdizplin im Wettbewerb um die souveränsten Eltern stellt zweifelsohne das Meistern von Wutanfällen der Nachkommenschaft dar. Das klassische Alter für die gefürchteten Ausraster liegt zwischen zwei und vier Jahren, in einem Lebensabschnitt also, in dem die Kleinkinder dem Babyalter entwachsen und Schritt für Schritt in die Welt der Großen eintauchen.

Diese Zeit der Verselbstständigung hält neben erfreulichen Erlebnissen – wie zahlreichen erlernten Fähig- und Fertigkeiten – eine ganze Menge Frustrationspotenzial bereit. Einerseits, weil mangels ausreichender Übung (noch) nicht alles so klappt, wie man es sich in seinem kleinen Köpfchen so vorstellt. Wenn das Kind beispielsweise den Umgang mit Besteck übt und die Tomaten mit der Gabel aufspießen möchte, das kleine gemeine Gemüse auf dem Teller aber immer wieder wegrollt, hat sich das Universum (oder haben sich zumindest die gemeinen Eltern, die die Tomaten auch hätten halbieren können) ganz offensichtlich gegen den Gabelführer verschworen. Was natürlich ein nachvollziehbarer Grund für einen Tobsuchtsanfall ist.

Zum anderen sind gefühlte 200 Prozent der aus Kleinkindsicht attraktiven Dinge mit einem »Neiiin!« von höherer Stelle belegt. Wenn ein Veto der Erwachsenen die Erfüllung von Wünschen vereitelt, ist das ebenso frustrierend wie das eigene körperliche Unvermögen im eben geschilderten Beispiel. Auch hier kann man einen Wutausbruch verständlich finden. Die imposantesten Vorstellungen mangelnder

Frustrationstoleranz finden übrigens öffentlich statt, da versierte kleine Berserker schnell ein Höchstmaß an Publikumswirksamkeit als maßgeblichen Erfolgsfaktor identifizieren.

Bleibt dann noch ein nicht unerheblicher Bodensatz unerklärlicher Ausraster, die man – je nach Tagesform – bestenfalls mit gelassener Verwunderung und im schlimmsten Falle mit Verzweiflung zur Kenntnis nimmt. Obwohl – kommt Ihnen das nicht irgendwie bekannt vor? Erinnern Sie sich an die hormonell bedingten Stimmungsschwankungen in der Schwangerschaft, die ohne offensichtlichen Grund die Tränen fließen ließen? Und gab es da nicht auch die nächtlichen Heißhungerattacken, die den Göttergatten auf der Suche nach dem gewünschten Lebensmittel durch die Tankstellen der Umgebung trieb?

Aber, keine Sorge, Sie machen das schon! Versuchen Sie es einmal damit:

Tipp Nr. 65: Die Prophylaxe

Vorbeugen ist besser als ein Nervenzusammenbruch oder ein Tinnitus oder ein zweiter Wutanfall, in diesem Fall Ihrer. *Jeder abgewendete Zornesausbruch ist eine Sorge weniger im täglichen Erziehungsspektakel und jeder Tag ohne Wutanfall ist ein guter Tag. Die entscheidenden beeinflussbaren Faktoren sind äußere Reize, Zeit und Gewohnheiten.*

Sorgen Sie im häuslichen Umfeld für eine stress-freie Gesamtsituation, die möglichst keine Begehr-lichkeiten weckt. Schaffen Sie Dinge, die nicht in die Hände Ihrer Kinder gelangen sollen (elektronische Geräte, Zerbrechliches und unersetzliche Stücke oder Ähnliches), außer Sicht- und Reichweite. Un-sichtbares kann das Interesse der Knirpse nicht wecken, da sie mit dem ständigen Überangebot greifbarer Attraktionen voll ausgelastet sind.

Planen Sie Puffer in den Tagesablauf ein, damit Ihr Dreikäsehoch in Ruhe die drei Knöpfe seiner Jacke »Alleiiiineeee!« in die Knopflöcher fummeln kann, ohne dass diese halbe Stunde wertvoller fein-motorischer Praxis Sie in den Wahnsinn treibt. (Sie glauben doch nicht im Ernst, dass Sie ihn davon ab-halten können, nur, weil Sie in Zeitnot sind? Aber sicher, Sie könnten versuchen, die Knöpfe schnell selbst zu schließen. Nur zu. Ich wette um eine Stunde Mittagsschlaf, dass Sie nicht eher aufbrechen, bevor Sie die eben geschlossene Jacke umgehend wieder öffnen und doch dabei zusehen, wie sie in hoch-konzentrierter Kleinarbeit von ihrem Träger zu-geknöpft wird.)

Unternehmen Sie Erledigungen nur mit einem ausgeruhten, abgefütterten Kind und erklären Sie vorher, ob Sie im Supermarkt ein Eis spendieren. Bleiben Sie dann bei Ihrer Meinung, egal, was passiert. Unter gar keinen Umständen lassen Sie sich durch Gebrüll umstimmen und dazu hinreißen, Ihre Meinung um des lieben Friedens willen zu ändern. Genau das wäre Wasser auf die Mühlen des Wüterichs, der die erfolgreiche Methode ganz sicher beim nächsten Mal wieder zur Anwendung bringt. Ist Ihre klare Botschaft, dass ein Wutausbruch nicht zu dem gewünschten Erfolg führt, durch deutliche Ansage und stringentes Verhalten untermauert, haben Sie die Weichen für eine geschreireduzierte Zukunft gestellt.

Tipp Nr. 66: Das Ablenkungsmanöver

Gefahr erkannt, Gefahr gebannt. Je eher Sie die Anbahnung eines Wutanfalles erkennen, umso besser können Sie einschreiten und umso wahrscheinlicher den Ausbruch im Keim ersticken. Aufgrund der für Kleinkinder typischen geringen Aufmerksamkeitsspanne und ihrem ausgeprägten Interesse an spontaner Unterhaltung sind die Erfolgsaussichten dieser Strategie erfreulich hoch. *Lenken Sie vom kritischen Objekt ab, indem Sie ein anderes, zweifelsohne wesentlich interessanteres ins Blickfeld rücken.* Eine sichere Bank ist alles, was sich bewegt (andere Kinder, Tiere, Autos etc.): »Ist ja toll, wie gut das kleine Mädchen schon Rad fahren kann!«, »Sieh einmal dort: Der Hund ist ja niedlich!« oder »Das gibt es doch nicht! Hast du schon einmal soooo ein tolles Müllauto gesehen?«.

Der Hinweis auf ein attraktives Phänomen lässt die Zwerge innehalten (man möchte ja um Himmels willen nichts verpassen!) und die Suche danach erfordert ihre volle Aufmerksamkeit, sodass der ursprüngliche Unmut rasch in Vergessenheit gerät. Als chancenreiches Ablenkungsmanöver hat sich auch Grimassenschneiden erwiesen. Wenn Sie aus der Übung sein sollten, finden Sie im Internet zahlreiche Anregungen in Bild (geben Sie in die Suchmaschine »Grimassen« und »Bilder« ein) und Ton (auf »YouTube«). Oder tun Sie etwas Unerwartetes: Verstecken Sie sich, imitieren Sie ein Tier oder fangen Sie an zu singen.

Um die gern zitierte Show am Regal mit der »Quengelware« (so bezeichnet man die mit Vorliebe in Kinderaugenhöhe an der Kasse platzierten Süßigkeiten, die kleine Naschkatzen sich während der Wartezeit in der Schlange zu erquengeln versuchen) zu vereiteln, empfiehlt sich die aktive Einbindung der Sprösslinge in den gesamten Einkaufsvorgang. Prüfen Sie zu Hause gemeinsam die Vorräte (z. B. »Heute Abend gibt es Brote und Salat. Lass uns im Kühlschrank nachsehen, ob wir noch genug Butter haben.«) und schreiben Sie anschließend eine Einkaufsliste. Ihr Kind darf drei Dinge aus der Liste auswählen, auf einen eigenen Einkaufszettel malen und im Supermarkt heraussuchen. Wer so fleißig hilft, darf natürlich auch bei der Produktauswahl mitreden und die Entscheidung für diesen oder jenen Joghurt fällen.

Halten Sie den emsigen Helfer stetig mit kleinen Handreichungen (etwa: »Möchtest du die Münze in den Einkaufswagen stecken?« oder »Kannst du bitte kurz meine Tasche tragen?«) oder Fragestellungen (»Weißt du, wo die Milch steht?«) bei der Stange, sodass gar keine Zeit bleibt, etwaigen Verlockungen am Wegesrand zu verfallen. Sparen Sie unterdessen nicht mit Lob (z. B. »Da hast du aber einen leckeren Joghurt ausgesucht«, »Prima, dass du die Äpfel so vorsichtig in den Korb gelegt hast!«) und bitten Sie auf dem Weg zur Kasse um Unterstützung beim Einpacken. Legen Sie die Ware gemeinsam auf das Band oder drücken Sie Ihrem Gehilfen ein Geldstück zum Bezahlen in die Hand – er ist ja schon groß und kann gut auf die Münze achten, bis er sie der Kassiererin geben darf.

Uuuund: Ziellinie erreicht!

Tipp Nr. 67: Gehen Sie sehenden Auges in den Kampf

Nehmen wir an, Sie erledigen Ihren Wocheneinkauf und haben dabei Ihre kleine Tochter im Schlepp. Sie setzen sie in den Kindersitz des Einkaufswagens, ein bisher stets begehrter Platz. Plötzlich entdeckt die junge Dame ein anderes Kind, das seinen Einkaufswagen schiebt, und möchte nun ebenfalls schieben. *In dieser Situation stehen in den folgenden Sekunden genau zwei mögliche Reaktionen zur Disposition: Entweder erfüllen Sie der Kleinen den Wunsch und sie darf schieben oder Sie verwehren ihn und müssen mit der Reaktion umgehen.*

Wenn Sie das Theater scheuen und Zeit haben, empfiehlt sich die Wunscherfüllung. Ein vermiedenes Gefecht ist immer besser als eine verlorene Schlacht! Für den Fall, dass Sie keine Zeit haben, müssen Sie etwaiges Gezeter in Kauf nehmen, dürfen sich davon aber nicht beeindrucken lassen. Wenn Sie allerdings zielstrebig unterwegs sind und Ihrer Tochter erklären, dass sie später an der Kasse den Wagen schieben darf, weil jetzt erst die Einkäufe erledigt werden müssen, stehen die Chancen nicht schlecht, dass sie sich ohne Weiteres bis zur Kasse vertrösten lässt. Eine solche Reaktion ist realistisch jedoch nur dann zu erwarten, wenn das Kind in vergleichbaren Situationen die Erfahrung gemacht hat, dass Sie sich durch einen Zornesausbruch nicht umstimmen lassen.

Die Angelegenheit könnte aber auch ihren Lauf nehmen und in einen Tobsuchtsanfall münden. Dann lautet die eindringliche Empfehlung: »Augen (oder besser: Ohren) zu und durch!« Setzen Sie den Einkauf unbeirrt fort und geben Sie keinesfalls klein bei. Sollten Sie sich auf das Spielchen einlassen, sitzen Sie für das nächste Mal schon sicher in der Falle. Und das wollen wir ja genau verhindern!

Tipp Nr. 68: Nix

Wenn Sie sich einem waschechten Ausraster allererster Güte gegenüber sehen – unschwer zu erkennen an Ganzkörperwut in Kombination mit Amokgebrüll – und Ihre Brut von einem Dämon besessen scheint, hilft erst einmal … nichts. Niente, nada. Sie könnten es mit einer vernünftigen Erklärung versuchen oder wüste Drohungen ausstoßen – beides wird im Getöse unerhört untergehen. Das Kind ist in dieser Verfassung nicht ansprechbar, weil es sich, vom eigenen Wutanfall übermannt, vermutlich selbst nicht wiedererkennt. Ähnlich einem abstürzenden Computer, der keine Eingabe mehr annimmt und erst rebooten muss, ist es nicht aufnahmefähig. *Warten Sie, bis das Schlimmste vorbei ist und der Sturm sich legt, dann können Sie das Gespräch aufnehmen.*

Ereilt Sie ein solcher Vorfall im öffentlichen Raum, schnappen Sie sich Ihren Nachwuchs und bringen sich und ihn aus der Schusslinie gepeinigter Ohren und neugieriger Blicke. In einer ruhigen Ecke kann sich das Mütchen kühlen und Ruhe einkehren, bevor Sie das Gespräch aufnehmen.

DER TOP-TIPP:
Tipp Nr. 69: Das Teufelchen auf der Schulter

Ausgehend von dem Verständnis, dass ein Kleinkind während eines Zornesausbruches nicht mehr Herr seiner Sinne, sondern Opfer einer überwältigenden Macht ist, die von ihm Besitz ergreift, kann man ihm eine goldene Brücke bauen, um das Geschehene leichter besprechen und Wiederholungen vermeiden zu können. Das Kind ist über das eigene Verhalten selbst erschrocken und kann es sich nicht erklären, ihm ist die Situation unangenehm.

Überträgt man die Verantwortung für den Ausbruch einem Strohmann, nämlich dem besagten Teufelchen, das sich aus dem Nichts auf die Schulter kleiner Kinder setzt und Wutanfälle heraufbeschwört, steht nicht mehr das Kind selbst im Fokus der Kritik. Es wird vom Beteiligten zum Beobachter und kann dann gemeinsam mit Mutter oder Vater besprechen, wie man den Übeltäter am besten loswird. Man könnte es zum Beispiel so formulieren: »Sag einmal, was war denn gerade los? Hat sich da etwa das Teufelchen auf deine Schulter gesetzt und du konntest eigentlich gar nichts dafür? … Auweia! Dann sollten wir das Teufelchen aber mal ganz schnell vor die Tür setzen, damit das nicht wieder passiert. Also Tür auf, zack, das Teufelchen rausgeschmissen und schnell wieder die Türe schließen … So, das wäre geschafft!«

Tipp Nr. 70: Armer Schwarzer Kater

Eigentlich kann man sie ja verstehen, die kleinen Kerlchen und ihre Frustration über abgeschlagene Wünsche, den Missmut über tatsächliche oder vermeintliche Benachteiligung und das schwere Leben in ewiger Fremdbestimmung. Noch eigentlicher würde man sich mitunter selbst zu gern auf den Boden werfen und die Ungerechtigkeiten der Welt mit wütenden Fäusten in den Boden trommeln. Zum Beispiel, wenn die Mitarbeiterin der Postfiliale um 18:29,5 Uhr die Türe abschließt, um ihren Feierabend nicht zu gefährden, während sich im Schalterraum ohnehin noch zwei abzufertigende Kunden aufhalten und Sie lediglich eine Briefmarke benötigen. *Vielleicht überkommt Sie angesichts eines nur allzu verständlichen Tobsuchtsanfalles Ihrer Brut an Stelle des üblichen »Oh, nein! Bitte nicht (schon wieder)!« eine Welle spontanen Mitleids und Sie ergreifen die Gelegenheit zu einem persönlichen Akt der Solidarität, um der Situation Herr zu werden.*

Setzen Sie sich in freundlicher Eintracht neben den Wüterich und erläutern Sie in beileidsvollem Ton Ihr völliges Verständnis für sein Verhalten: »Ach, mein Schatz, du hast es wirklich nicht leicht. Du hast Lust auf ein Eis und die Mama will dir erst ein paar Vitamine unterjubeln. Wieso soll man nicht einmal ein großes Eis zu Mittag essen? Kein Wunder, dass du sauer wirst. Ich würde mich wahrscheinlich genauso aufregen, wenn ich an deiner Stelle wäre!«

Die ungewöhnliche Reaktion und der verständnisvolle Tonfall dürften rasch zur Beruhigung der Situation beitragen und eine gute Basis für die Kompromissfindung herstellen: »Komm, wir essen jetzt jeder ein kleines Brot und drei Scheiben Gurke und zum Nachtisch gibt's ein extra großes Eis. Abgemacht?«

Tipp Nr. 71: 1-2-3-Schluss

Eine Regel ist nur dann eine Regel, wenn sie eingehalten wird. Eine banale Erkenntnis, die Eltern im richtigen Leben täglich auf eine harte Probe stellt. Woher sollen Ihre Kinder wissen, ob die Regel von gestern auch heute noch gilt und vor allem, ob dieses Mal auf Einhaltung bestanden wird? »Versuch macht kluch«, meint die Brut. Da hilft nur, mit der erforderlichen Hartnäckigkeit dagegenzuhalten. In der Frühphase mag das zwar erheblich nerven und zeitraubend sein, über kurz oder lang zahlt es sich aber nach-hal-tigst aus. Natürlich lässt einen die gebetsmühlenartige Wiederholung der offensichtlich immer wieder in Vergessenheit geratenen Regeln am eigenen Verstand zweifeln, aber so geht es allen (!) Eltern.

Also, bitte dranbleiben: Egal um welche Aufforderung es geht, nach einer gewissen Zeit wird ausgezählt. *Verkünden Sie Ihre Anweisung und eine Sanktion, die nach drei Sekunden in Kraft tritt, wenn sich das gewünschte Verhalten bis dahin nicht einstellt. Laut und deutlich zählen Sie dann langsam bis drei, danach wird die angedrohte Konsequenz ohne Wenn und Aber zur Anwendung gebracht.* Aufhören zu toben/schreien/zanken, fertig anziehen/aufräumen/aussuchen, herkommen, ansonsten darf das Kind nicht mehr mitspielen/geht man sofort nach Hause/gibt's keine Gutenachtgeschichte usw. Drohen Sie nur Konsequenzen an, die Sie auch wirklich in die Tat umsetzen, und vor allem: Machen Sie sie wahr! Je beeindruckender die Sanktion ist, umso nachhaltiger die Wirkung: Sie werden hochzufrieden mit sich selbst sein und noch lange die Früchte Ihrer Glaubwürdigkeit ernten.

Tipp Nr. 72: Der Rollentausch

Achtung: Hardcore-Tipp! Nur für abgebrühte Eltern mit Schauspieltalent und einem gewissen Hang zur Selbstironie.

Es ist an der Zeit, ein Zeichen zu setzen? Sie sind so richtig in Stimmung und wollen ein Exempel statuieren, anstatt dem Theater immer nur als Zuschauer gegenüberzustehen? Dann mal ab in die Bütt!

Wählen Sie einen günstigen Zeitpunkt aus, zu dem alle Beteiligten – ausgeschlafen und satt – empfänglich für eine kleine Showeinlage sind, damit der Schuss nicht nach hinten losgeht. Je banaler die Situation ist, die Sie zum Anlass für die kleine Einlage nehmen, umso größer wird der Überraschungseffekt Ihrer ungewöhnlichen Reaktion sein. Gut geeignet sind Momente, in denen das Kind eine alltägliche elterliche Dienstleistung erbittet, die unter normalen Umständen nicht der Rede wert ist, wie zum Beispiel die Frage nach etwas zu trinken.

Als erste Antwort auf die unverfängliche Bitte stoßen Sie einen wehklagenden Aufschrei aus und raufen sich die Haare, gefolgt von einem wütenden »Neiiin! … Immer ich! … Das ist gemeiiiin!«, zu dem Sie mit den Fäusten trommeln. *Im weiteren Verlauf des Schauspiels, in dem Sie aus heiterem Himmel ausflippen, haben Sie alle dramaturgischen Freiheiten. Ihrer Fantasie sind keine Grenzen gesetzt: Rudern Sie wild mit den Armen, stampfen Sie lautstark mit dem Fuß auf, wälzen Sie sich auf dem Boden …* Und checken Sie zwischen den Akten schon einmal die Reaktion Ihrer Kinder. Handtellergroße Augen des Erstaunens gepaart mit einer vor Überraschung heruntergefallenen Kinnlade? Dann waren Sie gut und können anschließend mit Ihren Kindern darüber lachen, wie so ein Wutanfall manchmal wirkt.

Sie müssen die Show ja nicht gleich an der Supermarktkasse abziehen! Obwohl der Publikumseffekt in diesem Falle zur Abwechslung einmal Ihnen zugutekäme …

Ihrer Fantasie sind keine Grenzen gesetzt:
Rudern Sie wild mit den Armen, stampfen Sie lautstark
mit dem Fuß auf, wälzen Sie sich auf dem Boden …

Tipp Nr. 73: Die Rote Karte

Ihr Nachwuchs hat sich spontan in ein Rumpelstilzchen verwandelt und droht die Spielerunde zu sprengen? Versuchen Sie es zunächst mit gutem Zureden und einer vernünftigen Erklärung (z. B.: »Jeder verliert mal und natürlich macht Gewinnen mehr Spaß. Deshalb verstehe ich, dass du sauer bist, aber du darfst nicht die Spielfiguren durch die Gegend werfen und mit deinem Theater den anderen die Freude am Spiel verderben.«). *Funktioniert das nicht, kündigen Sie die »Rote Karte« an: »Du kannst dich jetzt hinlegen und eine Minute mit den Fäusten auf den Boden trommeln, so fest du kannst. Dann benimmst du dich wieder vernünftig oder du bekommst die Rote Karte und musst allein nach nebenan.«*

Wenn ansonsten nichts mehr hilft, kann ein bisschen Abstand im wahrsten Sinne des Wortes sehr hilfreich sein. Parken Sie den kleinen Wüterich oder die kleine Furie nach der erfolglos verstrichenen Trommel-Minute in einem Nebenraum. Für den erfolgreichen Einsatz der Auszeit muss der Raum möglichst uninteressant sein, damit nicht gleich ein anderes Spielzeug für Ablenkung sorgt oder womöglich ein Fernseher eingeschaltet werden kann. Dort muss das Kind die nächsten drei Minuten sitzen bleiben, bis der Wutanfall vorbei ist und vernünftiges Benehmen zu erwarten ist. Zur Veranschaulichung des Zeitablaufes kommt die Eieruhr zum Einsatz.

Stellen Sie sie auf drei Minuten und erklären, dass erst nach dem Klingeln (und nicht schon vorher!) aufgestanden und wieder mitgespielt werden darf. Die Entfernung des Nachwuchscholerikers vom Ort des Geschehens entspannt die Lage durch den Tapetenwechsel und erlaubt danach die Rückkehr ins Geschehen mit abgekühltem Mütchen.

Tipp Nr. 74:
Das Sonderkommando Wutanfall

Ein Tipp für Fortgeschrittene mit älteren Kindern! Aufforderungen zu Selbstverständlichkeiten wie z. B. »Putz dir bitte die Zähne« oder »Zieh bitte die Schuhe aus, bevor du hereinkommst« können auch bei ansonsten durchaus vernünftigen Schulkindern aus heiterem Himmel groteske Wutanfälle mit Auf-den-Boden-Werfen und Schimpftiraden auf hundsgemeine Eltern provozieren. Selbst wenn das Rumpelstilzchen mit diesem Theater noch nie um die Durchführung einer Anweisung herumgekommen und sie vollkommen selbstverständlichen Inhalts ist. Unerquicklich, natürlich. Aber stoische Gelassenheit und ein langer Atem mit dem klassischen 1-2-3-Schluss (siehe oben) helfen. Früher oder später. Bitte dranbleiben, Ihre Geduld wird sich auszahlen (versprochen!) und Nerven wie Drahtseile gereichen ja niemandem zum Nachteil.

Wenn es Ihnen zu dumm wird und Sie Zeit (und Nerven) für eine kleine Lektion haben, stellen Sie eine Zusatzaufgabe in Aussicht, wenn nicht binnen fünf Minuten der Zirkus beendet wurde und die Zähne geputzt sind. Beliebt sind Tisch decken, Zimmer saugen, Handtücher zusammenlegen oder Ähnliches. Der Protest wird sich ins Unermessliche steigern und die Durchführung der Aufgabe dürfte aller Wahrscheinlichkeit nach durch weitere Schimpftiraden unterbrochen werden, wovon Sie sich natürlich absolut nicht beeindrucken lassen! Der Lohn für den Akt ist im besten Fall eine Blitzheilung des nächsten Wutanfalls. Nur hartnäckige Revoluzzer kommen in seltenen Fällen in den Genuss eines weiteren Durchgangs …

SURVIVAL-TIPPS

»Wenn Sie wieder allein zur Toilette gehen können, sind die Kinder groß!« Lassen Sie sich diesen Satz bitte einmal genüsslich auf der Zunge zergehen. »Privatsphäre«, »Zeit für mich« und »Ausschlafen« sind Fremdworte für junge Eltern, »In Ruhe duschen« vorläufig ein geheimer Wunschtraum. Doch Mutter Natur meint es gut mit ihnen und macht in ihrer unendlichen Weitsicht Mama und Papa mit der Geburt ihres Nachwuchses zu zähen, geduldigen und genügsamen Versorgern. Das Glücksgefühl, einen selig im Milchkoma schlafenden Säugling in den Armen zu halten, wiegt eine durchwachte Nacht auf, ein zahnloses Lächeln macht einen anstrengenden Tag locker wett und ein nasser Rotznasen-Kuss lässt Elternherzen zu jeder Tages- und Nachtzeit höher schlagen.

Das Wohl der lieben Kleinen hat selbstverständlich höchste Priorität, allerdings dürfen Sie darüber nicht völlig vergessen, auch an sich selbst zu denken. Nicht etwa aus Eigennutz, sondern im Interesse Ihrer Kinder sollten auch Sie sich vor allem in der Stillzeit regelmäßig und ausgewogen ernähren und alles daransetzen, Ihr Schlafpensum zu maximieren. Jegliche Art von Unterstützung (Babysitter, Essen auf Rädern von Oma, Putzfrau, Lieferservices oder Ähnliches) sollten Sie in dieser anstrengenden Zeit unbedingt in Anspruch nehmen. Mangelernährte Eltern mit Langzeit-Schlafdefiziten neigen zu Ungeduld und erhöhter Reizbarkeit – zwei schlechte Begleiter im anspruchsvollen Alltag mit Kleinkindern.

Wenn es Ihnen dann noch gelingt, sich nicht unnötig selbst unter Druck zu setzen und kleine Auszeiten zu organisieren, um neue Kraft zu schöpfen, machen Sie Ihrem Kind das schönste Geschenk: entspannte Eltern.

Tipp Nr. 75: Der Jour fixe

Organisieren Sie möglichst bald nach der Geburt einen festen (!) Termin in der Woche, an dem Sie ein paar oder wenigstens ein *Paar* Stunden für sich haben. Bitten Sie Oma, Opa oder die Tante, regelmäßig für zwei, drei Stunden die Betreuung Ihres Lieblings zu übernehmen, oder engagieren Sie für diese Zeit einen Babysitter. Wichtig ist, dass Sie diesen kleinen Freiraum für sich im Voraus planen, weil es sich garantiert niemals »einfach so ergibt«.

Es ist dabei weniger entscheidend, ob Sie sich zwei oder fünf Stunden gönnen, Hauptsache, Sie nehmen regelmäßig eine Auszeit, um aufzutanken. Lassen Sie sich bitte unter keinen Umständen dazu hinreißen, diese wertvolle Zeit mit Tätigkeiten im Haushalt zu verplanen, zu denen Sie sonst nicht kommen. Genießen Sie diese kurze Zeit, in der Sie sich nur um sich selbst kümmern und einfach einmal durchatmen. Oder in Ruhe zum Sport gehen, einen Mittagsschlaf halten, einen Spaziergang machen oder ein ungestörtes Telefonat führen. So sammeln

Sie wieder neue Energie, die letztlich Ihrem Nachwuchs zugutekommt.

Gerade wenn Ihr Baby noch klein ist, kann ein Babysitter mit dem frisch gefütterten Kind im Kinderwagen völlig unproblematisch ein paar Runden an der frischen Luft drehen. Wenn Ihr Kind recht zuverlässig schläft, können Sie es auch abends selbst zu Bett bringen und den Babysitter nur als Nachtwache engagieren, während Sie danach etwas Zeit für sich genießen.

Je früher Sie mit der Fremdbetreuung beginnen, umso schneller und leichter gewöhnt sich Ihr Baby daran. Es lernt andere Menschen als Bezugspersonen kennen und macht so einen ersten wichtigen Entwicklungsschritt in die Selbstständigkeit.

Höchstwahrscheinlich fällt es Ihnen als Eltern beim ersten Mal viel schwerer, Ihren Liebling in »fremde Hände« zu geben ...

Tipp Nr. 76: Die eierlegende Wollmilchsau

Sind Sie auf der Suche nach einem trilingualen Diplom-Babysitter mit internationalen Referenzen und muss die Kandidatin oder der Kandidat, der ein paar Stunden auf Ihren Nachwuchs aufpasst, zumindest Kinderpsychologie studiert haben oder ausgebildete Kinderkrankenschwester sein? Dann wird es vermutlich schwierig mit der Fremdbetreuung ...

Ganz nüchtern betrachtet, muss ein Babysitter in der Lage sein, ein Telefon zu bedienen (um Ihnen mitzuteilen, dass etwas vorgefallen ist, was Ihre sofortige Rückkehr erfordert) und seinen Schützling im unwahrscheinlichen Fall eines Wohnungsbrandes in Sicherheit zu bringen. Natürlich sollten Sie ihm Vertrauen entgegenbringen und eine gewisse Affinität zu Kindern voraussetzen können. Auch Erfahrung als Babysitter schadet selbstverständlich nicht. Im Grunde genommen kann aber jeder vertrauenswürdige Mensch mit gesundem Menschenverstand für einen überschaubaren Zeitraum problemlos auf ein Kind aufpassen.

Bleiben Sie mit Ihren Anforderungen an einen Babysitter realistisch, folgen Sie Ihrem Gefühl und machen dann die Probe aufs Exempel. Beginnen Sie mit ein oder zwei Stunden Betreuung in Ihrer Anwesenheit, verlassen Sie beim nächsten Mal für eine Stunde das Haus und steigern das Pensum schrittweise, sodass alle Beteiligten mit ihren Aufgaben wachsen können. Je genauer Ihr Babysitter über Abläufe, Gewohnheiten und Vorlieben seines Schützlings informiert ist, desto reibungsloser funktioniert die Vertretung. Oft ist es hilfreich, dem Babysitter anhand der »Babysitter-Instructions« (siehe Tipp Nr. 15 »Die Babysitter-Instructions« im Kapitel Sicherheit) einen von Mama oder Papa assistierten Probelauf mit Fütterung, Wickeln usw. anzubieten. So sind eventuell auftretende Fragen wie beispiels-

weise »Wo wird der Breinachschub aufbewahrt?«
oder »Wo finde ich Ersatzwäsche?« rasch geklärt und
man gewinnt einen guten Eindruck davon, wie Sitter
und Kind miteinander zurechtkommen.

Tipp Nr. 77: Der Müttertausch

Selbst fragwürdige Fernsehformate können manchmal eine gute Inspirationsquelle sein und manche
Konzepte lassen sich in leicht abgewandelter Form
hervorragend für sinnvolle Zwecke nutzbar machen.
Der hier vorgeschlagene Müttertausch findet nur
stundenweise statt und ist eine interessante Alternative zum klassischen Babysitting. Neben vielen
weiteren Pluspunkten hat diese Form der Betreuung
den sehr charmanten Nebeneffekt, dass keinerlei
Kosten entstehen.

*Halten Sie nach einer netten Mutter mit etwa
gleichaltrigem Kind Ausschau, mit der Sie in Sachen
Kinderhandling auf einer Wellenlänge sind, und ver-
abreden Sie sich zum wechselseitigen Babysitting.*
An einem Nachmittag oder Abend übernehmen Sie
beide Knirpse, beim nächsten Mal haben Sie frei und
die andere Mutter sittet Ihr Kind zusammen mit dem
eigenen.

Idealerweise findet sich eine Tauschmutter in un-
mittelbarer Nachbarschaft, damit der logistische
Aufwand sich in Grenzen hält. Sind die Wege kurz,

kann man einander auch einmal spontan nur für eine Stunde aushelfen, um schnell etwas »ohne Anhang« zu erledigen.

Eine solche Kooperation hat gegenüber einem herkömmlichen Babysitting zum einen den Vorteil, dass Sie einander erst einmal in Ruhe kennenlernen und sich dann aus freundschaftlicher Verbundenheit gegenseitig aushelfen. Zum anderen kennen sich auch die Kinder durch gemeinsame Unternehmungen und freuen sich, wenn neben dem erwachsenen Betreuer auch noch ein bekannter Spielkamerad zur Verfügung steht.

Solche Krabbelkinderfreundschaften sind häufig von einer ganz besonderen Innigkeit geprägt und bleiben über viele Jahre hinweg bestehen.

Tipp Nr. 78: Die Besserwisser

Sobald man ein Baby hat, ist man umringt von Besserwi…, äh, Experten. Diese Menschen kommen nicht nur im familiären Umfeld vor, sondern schießen allüberall wie (Gift-)Pilze aus dem Boden, um Ihnen wertvollen Rat zu erteilen. Die Beratung erfolgt kostenlos und unmittelbar an Ort und Stelle: an der Käsetheke, auf dem Spielplatz oder im Restaurant. Im Regelfall ungefragt. Diese Experten wissen am besten, was gut für Sie und Ihr Baby ist, Ihre Meinung ist in diesem Fall höchst irrelevant.

Also schätzen Sie sich glücklich und lauschen Sie dem engagierten Vortrag mit der angebrachten Aufmerksamkeit und einem dankbaren Lächeln auf den Lippen. Vielleicht ist ja sogar tatsächlich eine brauchbare Anregung dabei. Andernfalls bedanken Sie sich am Ende der wertvollen Ausführungen trotzdem gebührend, geloben Besserung und tun Buße für Ihr bisheriges Fehlverhalten. *Lassen Sie sich unter gar keinen Umständen zu einem Widerspruch hinreißen, wenn Sie nicht eine halbe Stunde weiteren Vortrags über sich ergehen lassen möchten. Stellen Sie auf Durchzug, dann sind Sie am schnellsten aus dem Schneider.*

Die Reaktion auf gut gemeinte Ratschläge aus der nahen Verwandtschaft kann man nicht so leicht abbügeln, da sie im Regelfall wiederholt vorgebracht werden und Diskussionen über die Sinnhaftigkeit des Vorschlags den Familienfrieden empfindlich stören können. In diesem Fall hilft oft der Wechsel auf die emotionale Ebene jenseits des Austausches von Argumenten. Etwa »Vielleicht hast du recht, dass ich Luzie verwöhne. Aber ich fühle mich einfach wohler, wenn ich sie auf den Arm nehme, anstatt sie schreien zu lassen.«

Tipp Nr. 79:
Von Doku-Soaps und Beweisfotos

Ein Tipp für abgebrühte Eltern mit Nerven wie Drahtseile!

Im Familienalbum sind von der Wiege an alle wichtigen Ereignisse in Wort und Bild für die Nachwelt festgehalten. In seinem ersten Lebensjahr ist das schönste Baby der Welt (die ersten Fotos beweisen es!) das gefragteste Fotomodell der Eltern und füllt mühelos Albumseite um Albumseite. Der überwiegende Teil der Fotos von Familiengroßveranstaltungen, jährlich wiederkehrenden Festtagen und Urlaubsaktivitäten zeigt die herausgeputzte Familie und nähere wie fernere Verwandtschaft von ihrer schönsten Seite. Familiäre Katastrophenberichterstattung findet dagegen im Rahmen der flächendeckenden Dokumentation oft leider nicht die verdiente Aufmerksamkeit. Dabei bringt der Einsatz von Fotoapparat und Videokamera angesichts des Chaos nicht nur einmalige Zeitdokumente hervor, sondern macht sich auch aus therapeutischer Sicht bezahlt. Siegt anlässlich der Katastrophe der Paparazzo in Ihnen, gewinnen Sie der Situation noch ihr Gutes ab und vermeiden neben einem Nervenzusammenbruch die unbotmäßige Züchtigung der beteiligten Kreativen.

Hat Ihr künstlerisch offensichtlich hochbegabtes Kind in einer kreativen Schaffensphase mit

*Wenn es Ihnen gelingt, trotz des Schrecks zuerst
die Kamera zu zücken, ist Ihnen ein Sensationsfoto sicher.*

dem Inhalt einer Cremedose das Kinderzimmer »renoviert«, fällt es angesichts der Riesenschweinerei schwer, sich spontan für den expressiven Duktus und den wunderbar pastösen Materialauftrag zu begeistern. *Wenn es Ihnen gelingt, trotz des Schrecks zuerst die Kamera zu zücken, ist Ihnen ein Sensationsfoto sicher. Und nach der erfolgreichen Fotosession ist der erste Groll bereits verflogen.*

Für langwierige Ärgernisse bietet sich der Griff zur Videokamera an. Bevor Sie in Anbetracht eines Amoklaufs der kleinen Prinzessin ausrasten oder der Wutanfall des Erstgeborenen Sie auf die Palme treibt: Filmen Sie das unglaubliche Szenario. Durch den Perspektivenwechsel werden Sie vom Akteur im falschen Film zum Beobachter und können das Geschehen mit etwas Abstand verfolgen. Aufgebrachte Gartenzwerge produzieren sich auch nur ungern vor laufender Kamera, sodass der Spuk so oft schnell vorbei ist.

DER TOP-TIPP:
Tipp Nr. 80: Der Deal

An einem beliebigen Sonntagmorgen noch vor dem ersten Hahnenschrei: Sie liegen friedlich schlummernd im komatösen Tiefschlaf, als sich die Schlafzimmertür wie von Geisterhand öffnet und ein entsetzlich waches »Mamaaaa!« aus dem Munde eines tatendurstigen Zwerges ertönt. Sie können versuchen, die Brut rasch ins warme Nest zu locken, und darauf hoffen, dass Ihre Müdigkeit (die locker für zwei reicht) ansteckt. Vielleicht haben Sie ja Glück und können gemeinsam noch einmal einschlafen. Oder Sie stellen sich schlafend, kneifen die Augen fest zu und hoffen auf eine göttliche Fügung. Wenn »jemand« Ihnen dann gewaltsam ein Augenlid nach oben lupft, sehen Sie an seinem müden Lächeln, wie überzeugend Ihre Vorstellung war. Bevor Sie endgültig aufgeben müssen, haben Sie allerdings noch ein Ass im Ärmel.

Mit einem fairen Deal stehen die Chancen auf Verlängerung des Nachtschlafes gar nicht schlecht. Unterbreiten Sie dem kleinen Early Bird folgenden Vorschlag: »Wenn du Mama und Papa noch eine halbe Stunde schlafen lässt, darfst du gleich eine Folge Pumuckl/Biene Maja/Wickie ansehen.«

Theoretisch bestünde natürlich auch die Möglichkeit, einfach sofort den Fernseher einzuschalten. Damit würde die lästige Übungsphase entfallen, in der im Fünf-Minuten-Takt Nachfragen an Sie herangetragen werden, ob die halbe Stunde denn *jetzt* endlich um ist. Mit ein wenig Routine erhöht sich jedoch die Chance auf ein vernünftiges Verhandlungsergebnis und dann kommen Sie in den Genuss doppelten Schlafvergnügens bei halber Fernsehzeit.

Je weniger Zeit Ihre Brut von Montag bis Freitag vor der Glotze verbringt, desto größer die Chance auf einen gelungenen Deal am Wochenende. Und: Nein, Sie brauchen sich wirklich keine Sorgen zu machen. Ihre Kinder werden durch diese Maßnahme weder verblöden noch zu Massenmördern. Wenn Sie sich in groben Zügen an die Altersfreigaben halten.

Tipp Nr. 81: Die 10-Cent-Abgabe

»Spülen, Deckel runter, Hände waschen, Licht aus, Türe zu!« Das sind aus Kindersicht ganz schön viele Wünsche auf einmal für einen einfachen Toilettengang! Wenn man gedanklich schon wieder ins Spiel vertieft ist, fällt schnell einer der Handgriffe unter den Tisch. Ab der gefühlten 567. Ermahnung der bald volljährigen Kinder geht aber irgendwann auch den nachsichtigsten Erziehungsberechtigten verständlicherweise die Geduld aus. Vor allem, wenn es um Selbstverständlichkeiten geht, die mit einem einfachen Handgriff erledigt sind. Weitere verbreitete Fälle punktueller Amnesie sind offene Verschlüsse von Getränkeflaschen, Zahnpastatuben oder Ähnlichem und in der Schule oder auf dem Sportplatz vergessene Schreibutensilien, Jacken und Co.

Mit einer strikten monetären Sanktion lassen sich in Fällen fortgesetzter Schlamperei meist signifikante Erfolge erzielen. *Kündigen Sie an, dass ab sofort für genau definierten Schlendrian eine Kostenbeteiligung nach dem Verursacherprinzip fällig wird.*

Für jedes Mal »Licht angelassen« sind beispielsweise 10 Cent für den verplemperten Strom zu zahlen. Wer vergisst, Getränkeflaschen vernünftig zu schließen, oder wer die Kappe nicht wieder ordnungsgemäß auf Filz- oder Klebestift steckt, beteiligt sich an den Kosten für die Neuanschaffung. Außerdem übernimmt der Schlönz die Ersatzbeschaffung und marschiert höchstselbst ins nächstgelegene Geschäft. Schusselige machen sich nach der Schule oder dem Training gleich wieder dorthin auf und sammeln vergessene Gegenstände ein – was man nicht im Kopf hat, muss man in den Beinen haben …

ENTSPANNT REISEN

DIE TIPPS:

Es gibt eine gute und eine schlechte Nachricht in Sachen Familienreisen: Urlaub bleibt die schönste Zeit des Jahres (das ist die gute), Spontantrips und Vorstellungen wie »Dieses Mal packen wir nicht den gesamten Hausstand ein und reisen light« sind jedoch fromme Wünsche, die Sie sich am besten gleich aus dem Kopf schlagen. Den müssen Sie nämlich für die Planung frei haben, um erholsame Ferien zu verbringen. Eine vorausschauende und umsichtige Vorbereitung umfasst die Wahl des richtigen Reiseziels (Abenteuerurlaub mit Kleinkindern ist ein suboptimales Reisevorhaben), eines geeigneten Hotels (Sie möchten frisch verliebte Paare im Flitterwochenhotel nicht mit Live-Acts Ihrer Brut desillusionieren) und eines alle Eventualitäten abdeckenden Kofferinhaltes (Berücksichtigung sämtlicher Wetterlagen und gesicherte Erstversorgung im Notfall).

Je nach Alter der Kinder ergeben sich spezielle Vor- und Nachteile auf Reisen. Babys reisen mit umfangreichem und sperrigem Gepäck (Kinderwagen, Maxi-Cosi oder Autokindersitz, Reisebett, Fläschchen, Thermoskanne, Kostwärmer usw.) und sind beim Essen unter Umständen auf eine bestimmte Sorte Gläschen festgelegt (noch mehr Ballast, wenn man sicher sein will, dass die richtige Kost am Urlaubsort pünktlich und stressfrei zur Verfügung steht). Dafür sammeln sie als angenehme Reisebegleiter Punkte in der Rubrik »einfache Handhabung«. Sie haben noch nicht den Bewegungsdrang laufender Gartenzwerge und stellen keine Ansprüche an das Unterhaltungsprogramm. Solange Mama da ist, sind sie glücklich.

Mit zunehmender Mobilität des Nachwuchses sinkt der Gepäckumfang (der handlichere Buggy ersetzt den Kinderwagen, der Autokindersitz ist zwar nach wie vor erforderlich, das Reisebett und die Fläschchen-Accessoires erübrigen sich aber), dafür steigen die Anforderung an Nervenkostüm und Entertainment-Qualitäten der erwachsenen Reisebegleiter. Ist die Ära des aufrechten Gangs eingeläutet, wird es schwierig, längeres Stillsitzen einzufordern. In diesem Alter am besten zur Schlafenszeit reisen, vor Reiseantritt richtig müde toben oder gar kein Risiko eingehen: vor dem Mittagsschlaf auspowern und dann auf die Bahn.

Ist das Ziel der Reise hoffentlich gesund und munter erreicht, sollte damit das Tagewerk erledigt und nur noch »ankommen« angesagt sein. Im weiteren Verlauf des Urlaubs kommen Eltern wie Kinder mit einer realistischen Erwartungshaltung und ein paar kleinen Tricks gleichermaßen auf ihre Kosten.

Tipp Nr. 82: Mit dem Finger auf der Landkarte

Jeder längere Ortswechsel wird von Kindern als ein kleines Abenteuer erlebt, das neben der Unternehmungslust auch Reisefieber weckt – schließlich verlassen sie die vertraute heimische Höhle und stellen sich den Unwägbarkeiten der großen weiten Welt. Dass Mama und Papa mit von der Partie sind, ist bereits mindestens die halbe Miete, der Rest ist Vorbereitung und Dosierung. *Verfüttern Sie das Abenteuer in mundgerechten Portionen und beginnen Sie mit ein paar Trockenübungen, um das Reiseziel im Vorfeld gemeinsam zu erkunden und das Wichtigste über Land und Leute zu erfahren.*

Wo liegt das Reiseziel? Schlagen Sie im Atlas nach oder konsultieren Sie das Internet. Werden Sie mit dem Auto fahren, den Zug nehmen oder reisen Sie mit dem Flugzeug? Vielleicht kann man sich zur Einstimmung schon einmal hinbeamen – Google Earth macht es möglich – und eine Erstbesichtigung aus der Vogelperspektive durchführen? Was verspricht der Reiseprospekt? Eine tolle Aussicht, einen großen Spielplatz oder sogar ein Kinderland?

Wer weiß, wie die Fahne aussieht, oder wo könnte man das herausfinden (z. B. Oma fragen oder im Panini-Stickerheft zur Fußballweltmeisterschaft nachschauen)?

Welche Sprache sprechen die Menschen, die dort leben? Verschaffen Sie (sich und) Ihren Kindern zumindest ein paar rudimentäre Kenntnisse, damit Sie der Höflichkeit halber wenigstens »bitte«, »danke«, »Guten Tag« und »Auf Wiedersehen« in der Landessprache beherrschen.

Die möglichst aktive Auseinandersetzung mit der Reise hilft den kleinen Weltenbummlern, sich auf den bevorstehenden Ortswechsel vorzubereiten und sich mit dem Gedanken anzufreunden, auf große Fahrt zu gehen.

Tipp Nr. 83: Die Pack-Orgie

Kommen die Koffer ins Spiel, ist die Reise nicht mehr weit.

Wie wird das Wetter sein, was zieht man dort an, was müssen wir einpacken? Ist ein Strandurlaub geplant oder geht es zum Wandern in die Berge? Muss der Lieblingsbadeanzug in den Koffer oder steht der Kauf der ersten Wanderschuhe an und weckt die Aussicht auf einen eigenen Rucksack den Gipfelstürmer im Kinde?

Kleine Urlauber helfen mit großer Begeisterung bei den Vorbereitungen und erledigen mit Feuereifer kleine Handreichungen. Ihre Ermutigung könnte in etwa so klingen: »Übermorgen fahren wir in den Urlaub. Komm, wir packen zusammen die Koffer! Zuerst legen wir alles, was wir mitnehmen, hier auf dein Bett, damit wir nichts vergessen. Wir brauchen fünf Unterhosen, drei Pullis, drei Hosen und fünf Paar Socken für dich. Bitte bringe mir aus deinem Schrank fünf Unterhosen. … Prima, vielen Dank. Toll, dass du mir hilfst!«

Machen wir uns nichts vor: Schneller sind Sie so mit dem Packen natürlich nicht. Und wenn es

Ihnen gelingt, die Nachkommenschaft für weite Teile der Packorgie auszuquartieren, sollten Sie diese Möglichkeit keinesfalls ungenutzt verstreichen lassen. Aber die kollektive Lehrveranstaltung »Ich packe meinen Koffer« ist pädagogisch nicht nur äußerst wertvoll, sondern auch ein wichtiger Schritt in die Selbstständigkeit. Die wiederum kommt Ihnen auf lange Sicht arbeitsentlastend zugute: Sobald die Kinder des Lesens mächtig sind, drücken Sie ihnen eine Packliste in die Hand, mit deren Hilfe sie ihre Siebensachen selbstständig bereitlegen können. Am Computer schnell – und zum wiederholten Gebrauch! – erstellte Packlisten mit Kästchen zum Abhaken erfreuen sich beim Nachwuchs großer Beliebtheit und erhöhen die Wahrscheinlichkeit, dass man nichts vergisst. (Bei Google landet man mit dem Suchbegriff »Packliste« über 300.000 Treffer!)

Bevor der Budenkoller um sich greift und mit Ihrer angesichts der nahenden Abreise schwindenden Geduld kollidiert, können größere Kinder mit kleinen Besorgungen einen wertvollen Beitrag zu den Reisevorbereitungen leisten (Sonnencreme kaufen, bei der Nachbarin die Ersatz-Skihose ausleihen, das bestellte Medikament zur Vervollständigung der Reiseapotheke abholen usw.).

Früher oder später ist das Werk vollbracht und der halbe Hausstand reisefertig verpackt, damit es der Familie vor Ort an nichts fehlt. Tupfen Sie sich den Schweiß von der Stirn, kontrollieren Sie ein letztes

Mal, ob der Herd auch wirklich aus ist, und dann kann es losgehen.

Tipp Nr. 84: Das MacGyver-Survival-Kit

Seien Sie stets auf die üblichen lebensbedrohlichen Vorkommnisse wie Verdursten, Hungertod, Schwerstverletzungen, Suiziddrohung verursacht durch Langeweile und spontane Monumentalverdauung vorbereitet. *Mit einem kleinen MacGyver-Päckchen in der Handtasche sind Sie gegen 99 Prozent der kleineren und größeren Katastrophen gerüstet.*

In die rettende Ausstattung gehören:

- etwas zu trinken (da Sie bei Flugreisen keine Flüssigkeiten durch die Sicherheitskontrolle bringen dürfen, empfiehlt sich die Mitnahme eines leeren Trinkbechers oder Fläschchens zur späteren Befüllung; Babynahrung unterliegt nicht der 100-ml-Bestimmung und darf außerhalb des Plastikbeutels für Flüssigkeiten ins Handgepäck)
- etwas zu essen (möglichst haltbar wie z. B. Reiswaffeln, Zwieback in Einzelportionen oder Müsliriegel)
- ein Windelwechselpaket mit Windel, Feuchttüchern und Wundcreme (gibt es im Drogeriemarkt im Miniformat) und für die Profis auch noch ein Ersatzbody

- eine Minitube Sonnenschutzcreme
- Pflaster (am liebsten mit Motiv; Apotheken verschenken häufig praktische kleine Pflasterheftchen für unterwegs)
- ein Spielzeug (ein kleines Spielzeugauto oder ein kleiner Ball)
- ein Mini-Päckchen Buntstifte und ein kleiner Block
- Gefrierbeutel (für spuckende Kinder, eine volle Windel, den gewechselten Body oder zur Aufbewahrung von Sammelobjekten)
- Nervennahrung (vorzugsweise dunkle Schokolade, die nur Mama und Papa mögen)
- Wunderwaffe Gummibärchen
- Geheimagenten-Sonderausstattung: ein Taschenmesser mit Pinzette und Schere

Das gesammelte Equipment ist am übersichtlichsten in einem kleinen Kulturbeutel mit vielen Fächern oder in mehreren Gefrierbeuteln mit Zipper in einem einfachen Reißverschluss-Täschchen aufgehoben. Spezielle »Handtaschen-« oder »Innentaschen-Organizer« in diversen Größen, Ausführungen und Preislagen begeistern Taschenfreaks.

Tipp Nr. 85: Das Reisetagebuch

Reisetagebücher sind wahrhaft geniale Errungenschaften, die sich im Vorfeld, während der eigentlichen Reisezeit und darüber hinaus in vielerlei Hin-

Mit einem kleinen MacGyver-Päckchen in der Handtasche sind Sie gegen 99 Prozent der kleineren und größeren Katastrophen gerüstet.

sicht nicht nur als überaus nützlich, sondern auch als sehr hübsch anzusehen erweisen. Sie dienen der aktiven Vorbereitung vor Reiseantritt, der Beschäftigung und Dokumentation während des Urlaubs und sind als fertige Werke eine kostbare Erinnerung. Die Ausführungsvarianten reichen – je nach Geschmack, Ausprägungsgrad der Bastelwut und Fingerfertigkeit – von fertig gekauft bis aufwendig selbst gestaltet.

Ob man sich für ein einfaches Schulheft, ein praktisches Ringbuch (man kann jederzeit Seiten ergänzen oder austauschen und auch Sammelhüllen für Schätze einfügen) oder eine hochwertige Kladde entscheidet, ist für das Projekt zweitrangig. *Die Idee ist, das Kind eine vielschichtige Sammlung reisebezogener Erinnerungen zusammentragen zu lassen (was eine sinnvolle und kreative Beschäftigung darstellt) und sie hübsch zu archivieren (was gewöhnlich unbeachteten Kunstwerken und losen Zuckertütchen aus Restaurantaufenthalten einen gebührlichen Platz verleiht und das Mutterherz erfreut).*

Der Fantasie sind dabei keine Grenzen gesetzt und auch Kinder angeblich ideenloser Nichtbastler-Eltern haben eine reelle Chance auf ein eindrucksvolles Gesamtwerk.

Hier ein paar Vorschläge und Anregungen für Sammlerstücke:

- kostenlose Malvorlagen von Flaggen und Sehenswürdigkeiten hält das Internet bereit, sehr schöne

Stickerbooks und Malbücher lassen sich für einige Reiseziele auch käuflich erwerben

- Bordkarten und Fahrkarten sind begehrte Souvenirs; zu den beliebten Sammelobjekten zählen auch Eintrittskarten von Museen, Fahrkarten der öffentlichen Fortbewegungsmittel, Zuckertütchen
- Prospekte und Info-Broschüren versorgen den Bastler mit umfangreichem Bildmaterial für Collagen; Profis führen eine Bastelschere und Fotoklebesticker (flacher als eine Tesarolle oder ein Klebestift) mit, die man auch in einer Reißverschlusshülle im Ringbuch verwahren kann
- in (Kopien von) Landkarten und Stadtplänen (vom Reiseveranstalter, aus dem Katalog oder vom Hotel vor Ort) kann man die tägliche Besichtigungstour einzeichnen; knotet man einen Stift fest mit einem Band an das Reisetagebuch, geht er nicht so leicht verloren
- für eigene Kunstwerke sollte ein größerer Posten Blankoblätter vorgehalten werden, Malstifte gehören unbedingt ins Handgepäck

Viel Spaß beim Basteln!

Tipp Nr. 86: Der Routencheck

Eine gleichermaßen lehrreiche wie unterhaltsame Beschäftigung für ältere Kinder auf langen Autoreisen ist der Routencheck, mit dessen Hilfe die Strecke vor

Reiseantritt erarbeitet und während der Fahrt nachvollzogen wird. Im Zeitalter von Navigationssystemen haben Straßenkarten und der gute alte Shell-Atlas für viele nur noch antiquarischen Wert (Das waren noch Zeiten! Die Spätgebärenden unter Ihnen werden sich vielleicht erinnern: als die Mama auf dem Beifahrersitz gleichzeitig versuchte, der Patentfaltung Herr zu werden, ohne dem Papa am Lenkrad die Sicht zu nehmen und den benötigten Kartenausschnitt aufzufinden …). *Für kleine Nachwuchsreisende besitzen die großen Karten jedoch eine ganz besondere Faszination, weil sie – in voller Größe auf dem Fußboden ausgebreitet – die Dimension der Reise und die Wegstrecke, die von A nach B zurückzulegen ist, wunderbar veranschaulicht.*

Verfolgt man mit dem Finger die Reiseroute auf der Karte, geht es vorbei an vielen interessanten Etappenzielen, die auf der Karte markiert und von den Kindern später während der Fahrt im Auto nacheinander abgehakt werden können. Kennzeichnen Sie z. B. an der Strecke liegende Städte, zu denen es etwas zu erzählen gibt, weil sie eine besondere Sehenswürdigkeit bieten, eine Tante dort wohnt oder man in der Gegend ein lustiges Erlebnis hatte. Halten Sie fest, an welcher Stelle Sie einen Fluss überqueren werden, und schauen Sie sich an, wo er entspringt und in welches Gewässer er mündet.

Wo passieren Sie Bundesländer- und Landesgrenzen? Gibt es von der Autobahn aus gut sichtbare

Sehenswürdigkeiten? Planen Sie Pipi-, Tank- und Bewegungspausen ein und vermerken Sie die entsprechenden Rastplätze und Tankstellen auf der Karte. Wer Lust hat, notiert neben jedem Zwischenziel auch noch die verbleibende Kilometerzahl, die mit fortschreitender Reise mehr und mehr zusammenschrumpft. Gute Fahrt!

Tipp Nr. 87: Die Etappenziele

Im Stile der guten alten Salami-Taktik ist der scheibchenweise Genuss einer langen Fahrt für kleine Mitfahrer sehr viel leichter verdaulich und verkürzt auch für die Großen die gefühlte Reisezeit. *Unterteilen Sie die gesamte Route in kleine Etappen à 20 oder 30 Kilometer und feiern Sie die Erreichung jedes Etappenziels mit einem unterhaltsamen kleinen Spielchen.* Sie können nach der ersten Teilstrecke gemeinsam ein Lied singen, nach der zweiten erzählt jeder einen Witz, bei Kilometer 90 muss Papa von einem richtigen Abenteuer, das er selbst erlebt hat, berichten, nach der vierten Etappe versuchen alle, mit der Zunge die Nase zu berühren, usw. Entweder legt der Familienrat vor Reiseantritt fest, was nach welchem Streckenabschnitt geschehen soll, oder Mama zaubert jedes Mal eine Überraschung aus dem Hut.

Für besonders gute Reisekinder hat der Papa noch ein Ass im Ärmel: Sie kommen zwischendurch unverhofft in den Genuss von Etappen-Sonderzielen, die die Reise mit kleinem Naschwerk versüßen. Die Süßigkeiten können auch in Verbindung mit einem Spielchen unters Volk gebracht werden (zum Beispiel: »Wer kann die Farbe der Gummibärchen am Geschmack erkennen?«), um so ein paar zusätzliche Kilometer abzufackeln.

Tipp Nr. 88: Sightseeing aus der Froschperspektive

Selbst den hartgesottensten Kulturfreaks dürfte einleuchten, dass sich Dreijährige nicht für eine ganztägige Forum-Romanum-Führung erwärmen können. Ein interessantes Sightseeing-Programm, bei dem alle Familienmitglieder auf ihre Kosten kommen, ist dennoch mit Kulturtouristen jeden Alters möglich, weil Kinder sich prinzipiell für alles Mögliche interessieren. Schrittweise zunehmender Umfang und eine unterhaltsame Darreichungsform der Kulturhäppchen sind die Schlüssel zum Erfolg.

Starten Sie bescheiden: Eine übersichtliche Besichtigungsrunde reicht für den Anfang. Vermitteln Sie wenige Informationen mit einfachen Worten möglichst anschaulich und alltagsbezogen. Erläutern Sie beispielsweise anhand von ein paar Mauerresten, die man anfassen oder sogar erklettern darf, mit welch cleveren Methoden die Römer früher ohne Bagger

und Kräne Häuser gebaut und sogar eine Schwimm-
badheizung mit richtigem Feuer erfunden haben.
Wie fühlt sich der Stein an und wie schwer ist er
wohl? Wie viele davon mussten für eine kleine Mauer
herangeschafft werden?

Ermuntern Sie Ihre kleinen Ausflügler dazu, aus
ihrer (!) Sicht interessante Dinge (etwa einen Käfer
an der Wand) und schöne Details (wie zum Beispiel ein hübsches Muster im Bodenbelag oder eine
leuchtend rote Blume am Wegesrand) aufzuspüren,
und nehmen Sie die Entdeckungen gemeinsam ge-
bührlich in Augenschein. Eigene Entdeckungen
rechts und links des Weges erhalten den natürlichen
Forscherdrang und der Nachwuchs bleibt länger bei
der Stange.

Im Urlaub sollte immer Zeit sein, um über ein
Mäuerchen zu balancieren, und vielleicht versuchen
Sie es selbst wieder einmal (Profis versuchen es mit
geschlossenen Augen oder rückwärts)? Oder lassen
Sie gemeinsam ein Stöckchen von der Brücke ins
Wasser fallen, um zu sehen, wie schnell es fort-
getragen wird.

Ein sinnvoller Kulturfahrplan berücksichtigt
natürlich auch die Wetterlage (in der Mittagshitze
ist es in südlichen Gefilden im Museum angenehm
kühl), Schlafgewohnheiten (übermüdete Kinder sind
keine guten Zuhörer) und Fütterungszeiten (leerer
Bauch studiert nicht gern). Und über eine zusätzliche
Eispause freut sich die ganze Familie …

Tipp Nr. 89: Die Kinderführung

Viele Museen bieten parallel zu den Versionen für Erwachsene spezielle Führungen und Audio-Guides für Kinder an, die auf die Bedürfnisse des älteren und schon ein wenig erfahrenen musealen Nachwuchses zugeschnitten sind. Darüber hinaus werden häufig in Aufmachung, Informationsumfang und Wortwahl auf den jungen Museumsbesucher abgestimmte Ausstellungskataloge angeboten. Diese Broschüren vermitteln die wichtigsten Informationen über die jeweilige Ausstellung, setzen keine Vorkenntnisse voraus und bringen dem Leser Leben und Werk des Künstlers unterhaltsam nahe. Sie sind eine unübertroffene Vorlage für Eltern, die sich nicht in die Tiefen der Kunstgeschichte begeben und aus dem Stegreif eine Mini-Führung für Kunstknirpse aus dem Hut zaubern möchten. *Wählen Sie bei den ersten Museumsbesuchen aus der Vielzahl der ausgestellten Werke je nach Alter der Kinder zwei bis drei Werke aus, die Sie sich in Ruhe gemeinsam anschauen. Gestalten Sie den Vortrag interaktiv und binden Sie Ihr kleines Publikum mit gezielten Fragen und kleinen Suchspielen ein.*

Das könnte sich dann so anhören: »Was siehst du auf dem Bild? ... Ja, einen König. Das ist König Drosselbart VI., der König von Märchenland. Er hat vor 200 Jahren gelebt. Woran erkennt man denn, dass das ein König ist? ... Richtig, er hat eine Krone auf: Sieh einmal, wie das Gold funkelt und die Edelsteine glitzern. Diese Krone ist sehr wertvoll und kostet so viel wie unser Auto. … Und schau, wie toll der Künstler die Falten des Umhangs gemalt hat. Man kann kaum glauben, dass sie gemalt sind, weil es auf dem Bild aussieht wie auf einem Foto. Früher gab es aber noch gar keine Fotoapparate und deshalb haben Künstler in ihren Bildern gemalt, was wir heute mit einem Klick fotografieren. Der König musste für dieses Bild viele Stunden still sitzen. … Hat der Künstler nur den König gemalt oder gibt es auf dem Bild noch etwas anderes? … Genau, einen Hund. Wie hieß der wohl? …«

Kinderporträts sind als Anschauungsobjekte allererste Wahl, um über den Alltag und die Lebenssituation der Familien in früheren Jahrhunderten zu erzählen. Die Kinder können sich in die porträtierte Person hineinversetzen und Vergleiche anstellen: Ist das ein armes oder ein reiches Kind? Woran erkennt man das? Was wurde früher gespielt, gegessen, angezogen? Ist diese Kleidung bequem, funktional, kann man darin gut spielen?

Lassen Sie den Vorhang fallen, bevor die Aufmerksamkeit der Zuhörerschaft schwindet und sich ein »Information overload« anbahnt. Vielleicht winkt den eifrigen Kultur-Touristen ja eine Postkarte mit dem Lieblingswerk als kleines Andenken und Belohnung? Und danach ist es Zeit für ein Kontrastprogramm mit Bewegung und Frischluft!

10 LANGEWEILE-KILLER FÜR UNTERWEGS

DIE TIPPS:

90. Ich sehe was, was du nicht siehst
91. Die Wörter-Schlange
92. Personenraten
93. Der TOP-TIPP: Auto-Bingo
94. Ich packe meinen Koffer
95. Dalli Dalli
96. Tabu
97. Das Kennzeichen-Spiel
98. Anna aus Amsterdam
99. Papa Münchhausen

Ein Satz, so alt wie die reisende Menschheit. Ein Satz, der schon unsere Großeltern die Augen verdrehen ließ und unseren Eltern die Nerven raubte. Ein Satz, der auch Ihre Sprösslinge einholen wird, wenn sie sich auf das Abenteuer Reproduktion einlassen und es sie mit der Familie in die große weite Welt hinauslockt. Ein Satz, der aber erst einmal für eine ganze Weile an Sie gerichtet werden wird: »Ich habe Hunger, ich muss Pipi, wie lange fahren wir noch?«

Gegen Langeweile on Tour und Verdruss über plattgesessene Popos sind jede Menge Kräuter gewachsen, sodass Sie berechtigt Hoffnung auf quengelminimiertes Reisen hegen dürfen. Es spricht übrigens auch aus pädagogischer Sicht nichts dagegen, sich die Vorzüge elektronischer Medien zunutze zu machen und unterwegs auf Unterhaltungsfastfood zurückzugreifen. Aber halten Sie CDs, DVDs und Computerspiele (in dieser Reihenfolge) ruhig für den Super-GAU unter Verschluss. Sie werden überrascht sein, wie weit Sie mit den vermeintlich »ollen Kamellen« aus Großmutters Trick-Kiste kommen!

Die kleinen Spielchen sorgen natürlich auch für kurzweilige Wanderungen und überbrücken Wartezeiten im Restaurant, in der Schlange vor der Passkontrolle oder der Museumskasse.

Tipp Nr. 90: Ich sehe was,
was du nicht siehst

»Ach, du liiiieber Himmel!«, werden Sie angesichts dieses Vorschlags vielleicht denken. »Dieses Spiel hat doch schon soooo einen Bart!« Sie haben natürlich völlig recht, doch »Ich sehe was, was du nicht siehst« ist ein echtes Traditionsspiel, das auch durch jahrzehntelangen Einsatz keineswegs seinen Reiz verloren hat. Damals wie heute leistet es hervorragende Unterhaltungsdienste und erfreut sich in allen Altersklassen großer Beliebtheit. Über beträchtliche Zeitspannen wird mit diesem Spiel tödliche Langeweile in Schach gehalten und das damit einhergehende Gequengel erfolgreich abgewendet. Sie wissen noch, wie es geht? Fein! Ansonsten hier noch einmal die Anleitung: *Ein Spieler – der Jüngste fängt an – sucht sich still etwas aus (z. B. Papas blauen Pullover) und nennt dann dessen Farbe (»Ich sehe was, was du nicht siehst, und das ist blau!«). Die anderen Mitspieler müssen so lange raten, bis sie den richtigen Gegenstand gefunden haben.* Derjenige, der ihn errät, darf den nächsten aussuchen.

Tipp Nr. 91: Die Wörter-Schlange

Keine Angst vor wilden Tieren! Zur Erhaltung der guten Stimmung an Bord können Sie in der Rolle des Schlangenbeschwörers brillieren und ein gutes Stück des Weges unterhaltsam überbrücken. Mit der »Wörter-Schlange« locken Sie den Nachwuchs bestimmt schnell aus dem Mir-ist-soooo-langweilig-Dschungel. *Sie beginnen mit dem Wort »WörterschlangE« und fordern die Mitreisenden reihum dazu auf, ein neues Wort mit dem Buchstaben beginnen zu lassen, mit dem der vorangegangene Begriff endet.* Auf die »WörterschlangE« muss also ein Wort mit »E« folgen, wie beispielsweise »ElefanT«, sodass der nächste Mitspieler sich etwas mit dem Anfangsbuchstaben »T« ausdenken muss.

Als Spielvarianten kann man auch die Bereiche eingrenzen, aus denen die Begriffe kommen sollen; das können zum Beispiel nur Tiere (also SchlangE-EseL-LibellE …), Namen oder Städte sein.

Wie lang wird Ihre Wörter-Schlange? Ist Ihr Familien-Highscore nur eine kleine harmlose Blindschleiche bis zur nächsten Ausfahrt oder können Sie mit einer gescheiten Boa constrictor aufwarten (die werden laut Wikipedia bis zu 3,60 Meter lang und essen am liebsten warm)?

Tipp Nr. 92: Personenraten

Auch dieser Oldie darf auf der Liste der kurzweiligen Wortspiele nicht fehlen und wirkt seit eh und je zuverlässig Langeweileattacken und den damit verbundenen Stimmungstiefs auf Reisen entgegen. In der Ursprungsversion wird eine Person gesucht, man kann aber auch variieren und Berufe, Tiere oder Lebensmittel zum Gegenstand des Spiels machen.

Ein Mitspieler sucht sich in Gedanken eine Person aus, die die anderen mit gezielten Fragen erraten müssen. Alle gestellten Fragen dürfen nur mit »Ja« oder »Nein« beantwortet werden. Jeder Ratende darf so lange interviewen, bis eine seiner Fragen verneint wird. Wer glaubt, die Lösung zu wissen, darf sie gleich in die Mitte werfen, auch, wenn er gerade nicht an der Reihe ist, Fragen zu stellen. Derjenige, der die gesuchte Person errät, hat diesen Durchgang gewonnen und darf die neue rätselhafte Person auswählen.

Bei diesem Spiel kommt es darauf an, möglichst systematisch wichtige Merkmale des gesuchten Menschen wie Geschlecht, Alter, Wohnort, Beruf, Bekanntheitsgrad usw. in Erfahrung zu bringen und dadurch den Kreis der Zielpersonen einzugrenzen. Beispielsweise: »Ist die gesuchte Person weiblich?«, »Ist er/sie ein Kind?«, »Wohnt dieser Mensch in unserer Stadt?«, »Handelt es sich um einen Sportler?«, »Bin ich mit ihm verwandt?« Willkürliches Abfragen von Namen ist selten von Erfolg gekrönt und zu viele Absagen hintereinander demotivieren insbesondere jüngere Kinder schnell.

Natürlich dürfen nur Personen ausgesucht werden, die jedes Familienmitglied kennt, damit jeder eine faire Chance hat. Klären Sie vorher, ob auch Comic-, Märchen- und andere Fantasiefiguren mitspielen dürfen. Allerdings kann ich Ihnen jetzt auch nicht sagen, in welche Altersklasse Spongebob fällt …

DER TOP-TIPP:
Tipp Nr. 93: Auto-Bingo

Die mobile Familienversion des populären Zeitvertreibs amerikanischer Senioren kommt ohne Brett und Jetons aus und erfreut sich bei Alt und Jung großer Beliebtheit. Gesucht werden zehn Dinge rechts und links der Autobahn oder in vorbeifahrenden Fahrzeugen. Ein Mitspieler fungiert als Spielführer, der die Strichliste mit den Treffern führt und das erste Fahndungsziel bestimmt. Wer es zuerst erspäht, ruft laut »Bingo!« und darf den nächsten Suchgegenstand festlegen.

Für jede Entdeckung gibt es einen Punkt und wer zuerst zehn Punkte für sich verbucht, ist die Bingo-Königin oder der Bingo-König. Hier ein paar Beispiele für mögliche Fragestellungen:

- Wer sieht den nächsten Laster/ein rotes Auto/ein Wohnmobil?
- Wer entdeckt ein Windrad/eine Brücke/Kühe auf der Weide?
- Wer sichtet ein Auto mit zwei Kindern/einem Mann mit Hut/einer Frau mit Brille darin?

Wer sieht das nächste rote Wohnmobil?

Ruck, zuck ziehen so die Kilometer an Ihnen vorbei, bis hoffentlich jedes Familienmitglied einmal Bingo-König ist. Natürlich können Sie auch Familien-Mannschaften bilden, die gegeneinander antreten, um Altersunterschiede bei den Kindern auszugleichen. Das jüngste Kind sucht sich beispielsweise einen Elternteil als Mitspieler aus, die Eltern spielen gegen die Kinder oder männliche gegen weibliche Familienmitglieder.

Tipp Nr. 94: Ich packe meinen Koffer

Und noch ein Klassiker aus Kindertagen! »Ich packe meinen Koffer« ist schnell erklärt und hört sich simpel an, gehört aber zu den Spielen der anspruchsvollen Sorte mit echter Herausforderung an Konzentrationsfähigkeit und Gedächtnisleistung. Der erste Spieler beginnt mit einem Gegenstand, den er in den Koffer legt: »Ich packe meinen Koffer und lege eine Badehose hinein.« *Im Uhrzeigersinn nimmt der nächste Mitspieler den Satz auf und ergänzt um ein weiteres Packstück: »Ich packe meinen Koffer und lege eine Badehose und ein Buch hinein.« Der Dritte wiederholt die beiden erstgenannten Objekte und fügt ein drittes hinzu ...*

Jeder Mitspieler muss die eingepackten Dinge in der richtigen Reihenfolge nennen. Wer ein Teil vergisst oder in der Abfolge einen Fehler macht, scheidet aus.

Seien Sie gewarnt: Nicht selten können Eltern bei diesem Spiel gegen ihre Kinder im wahrsten Sinne des Wortes »einpacken«!

Tipp Nr. 95: Dalli Dalli

Einhundertdreiundfünfzig Fernsehsendungen hat Hans Rosenthal im vergangenen Jahrtausend mit dem berühmten Wortspiel auf Zeit gefüllt und beachtliche Zuschauerquoten erzielt. Ihre Familie darf sogar mitspielen, sodass die (Reise-)Zeit bestimmt so schnell vergeht wie damals vor der Glotze. *Die Regeln sind einfach: eine Frage, eine Minute Zeit und Dalli Dalli, so viele Antworten wie möglich.* Gespielt wird entweder alle gegen die Zeit, jeder gegen jeden oder in Teams gegeneinander. Spielen alle gegen die Zeit, gibt es keine Verlierer, was gegen Ende der Fahrt (und des Geduldsfadens) ein wichtiges Argument für diese Spielvariante sein kann. Jeder Kandidat hat eine Sekunde Zeit zu überlegen, während der Mitspieler an der Reihe ist, und kann sich von dessen Aussage inspirieren lassen.

Der Spielführer stoppt die Zeit und notiert die genannten Begriffe, die natürlich nicht doppelt vorkommen dürfen.

Die Fragestellungen sind einfach, die Herausforderung ist deren Beantwortung unter Zeitdruck. Da steht man schnell einmal einige Sekunden überlegend auf dem Schlauch und wertvolle Zeit verstreicht, in der eigentlich die Begriffe wie aus der Pistole geschossen kommen sollen.

Das Quizfragen-Spektrum ist schier unerschöpflich und deckt alle Lebensbereiche ab: »Was tut man im Urlaub?«, »Was essen Kinder am liebsten?«, »Welche Tiere gibt es im Zoo?« …

Kommen innerhalb einer Minute 15 oder mehr gültige Antworten zusammen, wird der Chor »Das war Spit-zeeee!« angestimmt. Hochhüpfen ist im Auto ja eher schwierig.

Tipp Nr. 96: Tabu

Wie wäre es mit einem kleinen Spielchen? Fordern Sie Ihre Familie spaßeshalber einmal dazu auf, eine Minute nicht an rosa Elefanten zu denken. Auf gar keinen Fall. Nein, nicht an rosa Elefanten denken!

Stimmt, es ist unmöglich. Unser Gehirn kann nämlich keinen negativen Befehl, also *nicht* an etwas zu denken, ausführen.

Wenn man nicht an rosa Elefanten denken soll, muss das Gehirn den Auftrag bekommen, konkret an etwas anderes zu denken, zum Beispiel an Nudelsuppe. Die Anweisung »Denk an Nudelsuppe!« ist positiv formuliert und vom Gehirn zu verarbeiten. Und sie führt zum Erfolg: Man hat nicht an die rosa Elefanten gedacht!

Nun zum eigentlichen Spiel: *Bei Tabu gilt es, einen Begriff zu beschreiben, den die Mitspieler erraten müssen. Bei dieser Beschreibung sind sämtliche Wortbestandteile tabu und dürfen nicht erwähnt werden.* Ist das gesuchte Objekt zum Beispiel die »Bettdecke«, darf der Hinweis weder »mein Gegenstand ist im *Bett*« noch »damit *decke* ich mich zu« oder ähnlich lauten. Erlaubte Umschreibungen wären »mein Ding hält warm/ist weich/aus Stoff/benutzt man vor allem nachts …« Wer den Begriff errät, darf sich den nächsten aussuchen. Wie wäre es mit »Elefant«? Er muss ja nicht rosa sein …

Tipp Nr. 97: Das Kennzeichen-Spiel

Die Kennzeichen vorbeifahrender Autos sind die perfekte Grundlage für eine umfangreiche Spielesammlung. Das Wissens-Quiz »Woher kommt das Auto?« wird recht schnell langweilig und reißt Ihren Nachwuchs vermutlich nicht (lange) vom Hocker, soll aber – da »pädagogisch wertvoll« – der Vollständigkeit halber hier Erwähnung finden.

Interessanter ist das Kennzeichen-Lotto, bei dem jeder Mitspieler versucht, die Zahlenkombination des nächsten Nummernschildes zu tippen. Wer der Zahl am nächsten kommt, erhält einen Punkt. Die- oder derjenige mit den meisten Punkten wird Lotto-KönigIn.

Kreativität ist gefragt, wenn anhand des Kfz-Kennzeichens die Insassen des betreffenden Autos »getauft« werden. Jeder Buchstabe auf dem Schild bildet den Anfangsbuchstaben der Namen von Chauffeur, Sozius und Mitfahrern. So taufen wir den Fahrer des Wagens HH-SV 940 auf den Namen »Hugo«, seine Beifahrerin soll »Henriette« heißen und auf der Rückbank sitzen »Sam« und »Vicky«.

Beim dritten Spiel aus der Sammlung denkt sich jeder Mitspieler Fantasiesätze aus, deren Worte mit den Buchstaben auf dem Nummernschild beginnen müssen. Wird beispielsweise das Fahrzeug mit dem amtlichen Kennzeichen E-MP 223 passiert, wären unter anderem folgende Sätze möglich: »Erna muss pupsen« (Wenn es niveauvoller sein soll: »putzen« geht natürlich auch.) oder »Emil mag Pommes/ Pferde/Purzelbäume«.

Wenn alle Varianten durchgespielt sind, versuchen Sie sich doch einmal als Erfinder und ersinnen ein neues Spiel. Dazu wird das Ziel des Spieles formuliert, die Regeln sind festzulegen und natürlich muss das Kind auch einen Namen haben.

Tipp Nr. 98: Anna aus Amsterdam

»Anna aus Amsterdam« ist schon viel herumgekommen und hat auf ihren zahlreichen Reisen in alle Herren Länder eine Menge Menschen kennen-

gelernt. Wen Anna unterwegs wohl in »Acapulco«,
»Berlin« oder »Chicago« getroffen haben mag, denkt
man sich bei diesem Wortspiel aus und hangelt sich
Buchstabe für Buchstabe am Alphabet entlang.
*Ziel ist es, beginnend bei »A« zu allen Lettern von
A bis Z einen Namen, eine Stadt und einen Beruf
zu finden. Also beispielsweise: »Anna« aus »Amsterdam« ist »Astronautin« oder »Ben« aus »Berlin«
ist »Bäcker« usw.* Reihum nennt jeder Mitspieler
einen Namen, eine Stadt oder einen Beruf des Weg-
gefährten oder der Weggefährtin von Anna mit dem
entsprechenden Anfangsbuchstaben.

Und na-tür-lich kennen die schlaueste aller
Mütter und der allwissende Vater auch die Lösun-
gen zu den schier unbezwingbaren Buchstaben
»Q« (Quintia/Quentin aus Quakenbrück/Québec
ist QualitätsprüferIn), »X« (Xenia/Xaver aus Xan-
ten/Xiangyang in China ist XylofonistIn) und
»Y« (Yannik/Wickies Freundin Ylvie aus York ist
YogalehrerIn) …

Tipp Nr. 99: Papa Münchhausen

Hieronymus Carl Friedrich Freiherr von Münchhausen – ein derart klangvoller Name verheißt groß-
artige Unterhaltung! Ebendiesem Freiherrn werden
laut Wikipedia die berühmten Erzählungen des
Barons von Münchhausen zugeschrieben. Er war als

brillanter Erzähler bekannt und fesselte seine Zuhörer mit abenteuerlichen Geschichten unterschiedlichen Wahrheitsgehaltes. Was der Baron kann, kann Papa (oder Mama) schon lange! *Erzählen Sie einen lustigen Schwank aus Ihrer Jugend und schmücken Sie die Story blumenreich aus oder geben Sie eine frei erfundene Geschichte zum Besten. Ihre Kinder müssen dann herausfinden, ob die Begebenheit sich tatsächlich zugetragen hat oder fiktiv ist.*

Besonderen Unterhaltungswert haben lebhafte Schilderungen gespielter Streiche und deren Folgen. Um Nachahmer abzuschrecken, kann es ratsam sein, bei den Sanktionen zu übertreiben oder das Gefahrenpotenzial des Schabernacks hervorzuheben. Hoch im Kurs stehen auch weitschweifige Augenzeugenberichte über bestandene Abenteuer und erlebte Missgeschicke.

Als Lohn für die Märchenstunde sind Ihnen wachsam gespitzte Ohren und die ungeteilte Aufmerksamkeit gewiss. Aber Achtung: Rechnen Sie damit, die Story lebenslang aufs Brot geschmiert zu bekommen: »Papa! Hast du nicht mal … ?!«

GENERATION WICKELTASCHE

DIE NEUE LUST AM MUTTERSEIN –
BEGEGNUNGEN MIT JUNGEN FRAUEN

DIE AUTORIN

Nicole Wirtz wurde 1969 in Essen geboren und ist ein echtes Kind des Ruhrgebiets. Nach dem Studium der Betriebswirtschaftslehre an der Universität Münster war sie in leitender Position tätig. Seit 2002 führt sie in Frankfurt ein »kleines Familienunternehmen« und zeichnet für die Bereiche Chaos-Management, Organisation, Catering und Entertainment verantwortlich.

IMPRESSUM

Nicole Wirtz
DIE GUMMIBÄRCHEN-METHODE
99 geniale Tipps für einen fröhlichen Familienalltag
Mit Illustrationen von Jana Moskito

ISBN 978-3-86265-059-0
© Schwarzkopf & Schwarzkopf Verlag GmbH, Berlin 2012
Zweite Auflage September 2013
Coverfotos: © Jiri Hera / shutterstock.com
Foto der Autorin: © Burak Isseven | Lektorat: Cathrin Kreich

KATALOG

Wir senden Ihnen gern kostenlos unseren Katalog.
Schwarzkopf & Schwarzkopf Verlag GmbH
Kastanienallee 32, 10435 Berlin
Telefon: 030 – 44 33 63 00
Fax: 030 – 44 33 63 044

INTERNET | E-MAIL

www.schwarzkopf-schwarzkopf.de
info@schwarzkopf-schwarzkopf.de